KB190349

사바를 무대 삼아 멋있게 살아라

초 판 1쇄 펴낸날 2024년   7월   2일
       4쇄 펴낸날 2024년 12월 15일

지은이 경봉큰스님
엮은이 김현준
펴낸이 김연지
펴낸곳 효림출판사

등록일 1992년 1월 13일 (제2-1305호)
주 소 서울시 서초구 반포대로14길 30, 907호 (서초동, 센츄리Ⅰ)
전 화 02-582-6612, 587-6612
팩 스 02-586-9078
이메일 hyorim@nate.com

값 8,000원

ⓒ효림출판사 2024
ISBN 979-11-87508-96-0 (03220)

잘못 만들어진 책은 바꾸어 드립니다.
이 책은 저작권법에 따라 보호를 받는 저작물이므로 무단전재와 무단복제를 금지합니다.

경봉스님의 생활도담

사바를 무대 삼아 멋있게 살아라

김현준 엮음

❀ 효림

경봉스님의 첫 번째 도담집을 내면서

이 시대 최고의 도인으로 추앙받고 있는 경봉스님의 법문은 어렵지가 않았다. 법상에 올라서 많은 청중을 상대할 때나 소수의 사람을 만날 때, 외부에 나갔을 때나 거처하는 곳에 계실 때, 그 말씀은 언제나 한결같으셨다. 늘 상대의 그릇에 맞추어서 편안한 언어로 알기 쉽게 법문을 설해주셨다.

특히 환한 표정에 구수한 이야기를 섞어가면서 깨우침을 내려주면, 모두가 환희로움에 젖어 들어서 희망과 용기를 불러일으켰고, 삶의 방향을 재정립하곤 하였다.

아! 스님과 함께했던 그때 그 시절이 참으로 그립다.

그래서 경봉스님께서 들려주신 이야기 법문들을 최대한으로 모아, 두 권의 책으로 엮어 세상에 내어놓아야겠다는 원을 발하였다.

두 권의 책이란

1. 사바세계를 무대로 삼아 멋있게 살아가는 데 도움을 주고 방법을 알 수 있게 하는 생활도담집生活道談集.

2. 마음을 닦고 선을 닦는 데 도움을 주는 도인들의 수행과 삶을 담은 선수행도담집禪修行道談集이다.

이들 중 첫 번째 책인 생활도담집은 스님의 탄생 132주년과 열반 42주년이 되는 2024년 7월에 책을 낼 계획을 세우고, 2023년부터 월간 「법공양」에 1년 가까이 연재를 하였다. 그리고 연재하지 않은 20여 가지의 이야기를 더하여, 『사바를 무대 삼아 멋있게 살아라』는 제목으로 세상에 내어놓게 되었다.

아, 스님의 크신 은혜를 어찌 다 갚으리!

이 한 권의 책이 '사바세계를 무대로 삼아서 멋있게 살아라'고 늘 당부하셨던 스님의 가르침을 이루는 데 도움이 된다면, 받은 은혜를 조금이나마 보답하는 길이 아닐는지….

2024년 6월 중순
경주 남산 기슭에서
김현준 三拜

차 례

차 례

차 례

차 례

IV 정성과 원성취

차 례

차 례

차 례

Ⅶ 지혜롭게 살아가라

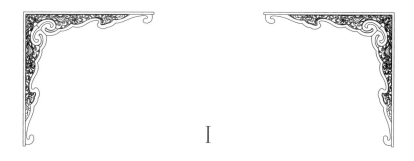

I

윤회부터 믿어라

우 주 만 상 재 어 차 야
○ 宇宙萬像在於此也

우주만상이 다 이 원상○ 속에 들어 있다

1. 윤회환생의 증거

인생의 4대 의혹

· 이 몸 끌고 다니는 주인공을 모른다.

· 부모 태중에 들어가기 전을 모른다.

· 죽는 날을 모른다.

· 죽으면 어디로 가는지를 모른다.

사람들은 태어나기 전에 어디에 있었는지, 이 몸이 죽은 다음에 뚜렷이 밝고 지극히 신령스러운[昭昭靈靈] 자성자리는 어디로 가는지? 영영 없어지는지, 불생불멸不生不滅하는지를 모른다.

과연 이 몸이 죽고 나면 모든 것은 잿불 사그라지듯이 아주 없어지는가? 아니면 윤회輪廻를 해서 다시 태어나는가? 이것은 의문스러운 일이 아닐 수 없다.

그래서 이 윤회에 대한 이야기 몇 가지와 원력이 깃든 환생 이야기 몇 가지를 설한다. 이야기를 듣다 보면 윤회에 대한 의문이 조금 풀릴 것이다.

원택법사의 환생

❀

중국에 다섯 번의 생生을 스스로 증명해 보인 원택元澤(원관圓觀이라고도 함)이라는 법사法師가 계셨다.

원택법사가 중국 항주의 낙양사洛陽寺에 머물러 있을 때, 이원李源이라는 거사가 집을 혜림사蕙林寺라는 절로 만든 다음에 법사를 청해서 계시게 하였다.

하루는 이원거사가 원택법사에게 보현보살의 성지인 아미산峨帽山으로 함께 순례를 떠나자고 하였다. 법사는 처음에 '가지 않겠다'고 하다가, 이원이 계속해서 조르자 마지못해 따라나섰다.

그런데 형주荊州의 남포南浦 땅에 이르자, 법사가 이원에게 은밀히 말하였다.

"내가 이쪽으로 안 오겠다고 하였는데, 자네가 자꾸 청해서 오기는 하였네만 인연이 고약하게 되었다."

"왜 그러십니까? 스님."

"저 개울가에 빨래하는 여자가 보이느냐?"

"예."

"저 여인이 아기를 잉태孕胎를 한 지는 열 달도 더 넘었다. 내가 그 태에 들어가야 아기가 태어날 수가 있다."

사람이 수태受胎를 하자면 제팔식第八識이 들어가야 하는데, 원택법사의 제팔식이 들어가야 태중에서 열 달이 넘었는데도 못 나오는 그 아이가 나오게 된다는 것이었다.

"그럼 어떻게 해야 합니까?"

"그 인연을 기어코 만나게 된 것이다. 인연이 그러하니 어쩌겠느냐? 내 오늘 이곳에서 몸을 버릴 테니, 자네가 화장을 해서 치워주고 가게나."

스님과 아미산 구경을 왔다가 그런 말을 들었으니, 이원거사도 기가 막힐 노릇이다. 그런데 또 부탁을 한다.

"자네는 내 몸을 화장하고 사흘이 지난 뒤에 저 여자 집으로 찾아오시게. 그날이 내가 태어난 지 3일째 되는 날이네. 내가 자네한테 '죽어서 그 집에 태어났다'는 것을 표현하고 싶어도, 육식六識이 발달되지 않아서 말을 못 할 터. 한 번 나를 안으면 유난히 방긋 웃을 터이니, 원택의 죽은 영혼이 자네를 알아보고 웃는 줄로 알게나."

어이가 없어하는 이원거사에게 원택법사는 또 당부를 한다.

"그리고 앞으로 12년이 지난 해의 8월 열사흗날에 천축사天竺寺의 갈홍정반葛洪井畔에서 다시 만나세."

말을 마친 원택법사는 마치 매미가 허물을 벗듯이 가만히 앉아서 사르르 가버렸다.

이원은 법사의 유언대로 화장을 해서 초상을 치르고, 3일 뒤에 개울가에서 빨래를 하던 여인의 집으로 찾아갔다. 법사의 예언대로 아기가 사흘 전에 태어났다고 한다. 아기를 좀 보여달라고 해서 품에 안고 바라보니, 아기가 방긋 웃는다. 그래서 고개를 끄떡이며 말하였다.

"내가 왔어요. 내가 왔어."

아기가 원택법사의 환생임을 확인한 이원은 혼자 힘없이 집으로 돌아갔다. 그런데 집안사람들이 혼자 올 줄 알았다는 것이었다.

"스님께서 떠나실 때, '이번에 가면 돌아오지 않는다'고 하셨습니다. 그리고 어느 곳의 누구 집에 태어날 것이라고 모두 말씀하셨습니다."

그로부터 12년이 지났을 때 이원거사는 아미산의 천축사로 향하였다. 그 당시에는 상천축·중천축·하천축의 3천축사가 있었는데, 갈홍정반은 하천축사에 있었다.

그가 갈홍정반에 이르렀을 때, 소를 탄 소년이 노래를 부르면서 다가오더니 정중히 말하였다.

"이 선생은 참으로 신용이 있는 분이구려. 그러나 가까이는 오지 마시오."

약속을 지키기 위해 찾아왔으니 '신용 있는 사람'이라 하면서도, 세속 욕심 때문에 마음이 탁하니 '가까이 오면 안 된다'는 것이었다. 거사가 멈칫하며 서 있는데, 소년은 저만큼 떨어져 지나가면서 쇠뿔을 두드리며 시를 한 수 읊었다.

三生石上舊精魂 삼생석 위의 옛 넋이여
賞月吟風莫要論 밝은 달 맑은 바람 외에 무얼 더 논하리
慚愧情人相遠方 수줍소 정든 이여 먼 데서 왔구료
此身雖異性常存 몸은 비록 다르나 성품은 그대로라
身前身後事忙忙 아득하기만 한 전생과 내생에 대한
欲話因緣恐斷腸 인연을 말하자니 창자를 끊는 듯하오
吳越江山尋已遍 내 이미 오와 월나라 강산을 밟았기에
却回烟棹上錢塘 안개 속에 배를 돌려 전당으로 가려 하오

12년 만의 해후. 범부 중생 같았으면 지나간 일도 말하고 현재의 일도 말하면서 감회에 젖어 들었을 텐데, 도인의 경지는 인정人情에 초연하기에, 다만 '밝은 달과 맑은 바람〔賞月吟風〕'이라는 한 단어 속에 할 말과 뜻을 모두 함재含在시킨 것

이다.

⚯

원택법사는 과거 전생에 이 여자하고 모자의 인연을 맺어 훌륭한 스님이 되었고, 그 인연을 어찌할 수 없어서 아미산으로 갔다가 몸을 버리고 그 여자의 태중에 들어간 것이다.

그러나 원택법사처럼, 도를 깨달으면 윤회의 세계 속에 머물면서도 걸릴 것이 없다. 인연 따라 살되, 인연에 조금도 얽매임이 없는 깨달음의 빛으로 살아간다.

고승전에서는 원택법사가 '보통 흔히 볼 수 있는 스님으로 마음 씀씀이가 좋은 분' 정도로 평가되어 있다. 다른 사람들이 볼 때는 평범한 승려들과 다를 바가 없는 분이었다는 것이다. 그러나 실제로는 생사에 자유자재한 대도인이셨다.

원택법사는 생사를 초월한 대자유를 누렸을 뿐 아니라, 전생의 일을 조금도 잊어버림이 없이 그대로 기억을 하고 있는 분이었다. 그러나 스님은 많은 말씀도 하지 않았고, 특별한 기행奇行도 보여 주지 않았다. 오직 하나, 죽음의 순간과 새로운 태어남을 적나라하게 보여 주어 윤회의 대설법을 펼쳤을 뿐이다.

그리고 이원거사는 높은 벼슬을 마다하고 도를 닦으며 살았던 고고한 사람이지만 경지에 도달하지 못하여, 소를 탄 소년이 부른 노래 속의 무량한 감회와 뜻을 알지 못하고 노래를 부르는 소리만 들을 뿐이었다.

적어도 이 시 속의 '밝은 달과 맑은 바람[賞月吟風]'이라는 말의 뜻을 음미할 줄 알아야 하는데, 수행을 하지 않으면 도저히 그 경지에 도달하기 어렵다.

만약 누군가가 이 구절에 의문을 일으켜서 부지런히 수행을 해 나가면, 결국에는 이 '상월음풍'에 무릎을 치고 한 번 웃을 때가 있을 것이다, 허허….

혜사대사와 삼생석

❀

앞 이야기 게송의 첫 구절 '삼생석 위의 옛 넋[三生石上舊精^{삼 생 석 상 구 정}魂^혼]'은 원택법사의 전생과 관련된 것이다.

과연 원택법사는 3백여 년 전에 어떤 인물이었던가? 중국 천태종의 제2조인 혜사慧思(515~577) 대사였다.

혜사대사는 만년에 남악형산南嶽衡山의 천주봉 밑의 복암사福巖寺에 계시면서 법화경의 가르침을 널리 폈는데, 어느 날 법화경을 강설하다가 제자들에게 말하였다.

"전생에도 나는 이 복암사에서 대중들을 가르쳤지. 그 전생의 일이 그리워서 이곳으로 온 거야."

그리고는 경치가 아주 빼어난 곳으로 제자들을 데리고 갔다.

"옛날에는 이 자리에 절이 있었다네. 지금은 오래되어 아무런 자취도 없지마는, 내가 전생에 토굴을 짓고 공부를 하던 곳이야. 이 자리를 파 보게나."

스님의 명에 따라 제자들이 그 주변을 팠더니, 기와와 생활 용구들이 나왔다.

혜사대사는 다시 큰 바위가 있는 데로 옮겨 갔다.

"이곳은 내가 전전생前前生에 공부를 하던 곳이다. 이 바위에 앉아서 공부를 하다가 죽음을 맞이하였는데, 시체가 바위 밑으로 떨어져서 그대로 땅에 묻혀버렸다네."

제자들이 땅을 파자 과연 유골이 나왔다.

이렇게 전전생에는 바위 위에서 공부를 하다가 죽었고, 전생에는 토굴 터에서 공부를 하였는데, 그 인연으로 현생에 복암사로 와서 머물게 되었다는 것을 혜사대사 스스로가 증명한 것이다.

감명을 받은 제자들은 혜사대사가 도를 닦다가 죽은 바위를 '삼생석三生石'이라 이름 지었고, 유골이 나온 자리에는 삼생탑三生塔을 세웠는데, 그날부터 이 삼생석과 삼생탑은 많은 이들이 찾아가는 명소가 되었다.

§

진리 자리에는 과거·현재·미래가 끊어졌기 때문에 전생도 금생도 내생도 없다. 그러나 세상사의 법은 있는 가운데 없고 없는 가운데 있는 것이기 때문에 삼세윤회, 곧 과거·현재·미래의 삶이 펼쳐지게 되는 것이다.

윤회를 증명한 왕양명

❀

중국 양명학은 왕양명王陽明(1472~1529)이 창시한 학문이다. 이 왕양명의 본명은 왕수인王守仁으로, 어머니는 하늘의 천녀들이 날개옷을 입고 내려와서 옥동자를 품에 안겨주는 태몽을 꾸었다. 과연 태어난 아이는 한 가지를 가르쳐주면 열 가지를 알 정도로 총명하고 특출하였다.

왕수인이 대학자로 이름을 날리게 되었을 때 금산사金山寺라는 절에 가게 되었다. 분명히 처음으로 가는 길인데도 많이 다녔던 것처럼 느껴졌고, 절에 도착하여 주지의 안내를 받으면서 법당을 참배하였는데, 많은 법당 중 한 법당만이 굳게 닫혀 있었다. 왕수인이 그 까닭을 묻자 주지가 사연을 들려주었다.

"약 50년 전의 일입니다. 이 금산사를 창건한 금산스님께서 점심 공양을 드시고 각 법당을 두루 참배하신 다음에 이곳으로 들어가시면서 당부하셨습니다.

'내가 이 법당에 들어간 이후에는 법당문을 열려고 하지 말아라.'

그날 이후 50년 동안 그 내용을 아는 이는 누구도 문을 열지 않았고, 모르는 누군가가 열려고 하여도 문이 열리지 않았습니다."

그 말을 들은 왕수인은 거침없이 법당의 문고리를 잡아당겼다. 그러자 문이 활짝 열렸고, 법당 안에는 가사장삼을 입은 스님 한 분이 등신불等身佛(미라)이 되어 앉아 계셨다. 그리고 법당 벽에 한 수의 게송이 적혀 있었다.

五十年前王守仁　　오십 년 전의 왕수인이니
開門人是閉門人　　문을 연 사람이 문을 닫은 이로다
精靈剝落還歸復　　정령이 떨어졌다가 다시 돌아왔으니
始信禪門不壞身　　선문의 불괴신을 믿을지어다

불괴신은 무너짐이 없는 몸이다. 이 글귀를 본 대중들은 50년 전의 금산대사가 왕수인으로 다시 태어났다는 것과, 공부를 많이 하면 업業이 아니라 원願을 따라 태어날 수 있다는 것을 확신하게 되었다.

❡

부처님의 아들딸인 우리들! 과연 우리의 목표는 무엇인가? 잘사는 것, 복되게 사는 것, 멋지게 사는 것이리라. 그러나 우리의 최종 목표는 업과 윤회로부터 해탈하여 대자유인이 되는 것이 아니겠는가?

우리도 이러한 삶을 마음에 새겨야 한다. 윤회를 확신하면서 더욱 잘 살고자 해야 하고, 더욱 정진하고자 해야 한다.

인간의 삶은 고락상반苦樂相半이라, 괴로움이 반이요 즐거움이 반이다. 행복과 불행이 반반이기 때문에 늘 즐겁고 평화롭게 살 수가 없다. 그렇지만 괴로움과 불행은 나쁘기만 한 것이 아니다. 괴로움과 힘드는 일이 자꾸 찾아들기 때문에 고난으로부터 해탈하겠다는 마음을 일으키게 되는 것이다.

그리하여 복을 많이 짓고 도를 많이 닦게 되면 지혜를 이루어서 자기가 닦은 만큼 다음 생의 몸을 자유자재로 받을 수 있게 된다. 업業을 따라 태어나지를 않고, 원願을 따라 자유자재로 태어날 수가 있는 것이다.

꿩이 환생한 치익스님

🏵️

치익雉益이라는 승려가 있었다. 전생에 그는 꿩이었는데, 스님이 법화경을 읽는 산중 암자 옆에 살았다. 하루는 스님의 꿈에 꿩이 봉창 밑에 나타나서 말을 하였다.

"제가 늘 스님의 법화경 읽는 소리를 듣고 있었는데, 그 덕에 아무 날 아무 집에 사람으로 태어나게 되었습니다. 스님이 그 집에 와서 보십시오. 저의 겨드랑이 밑에 꿩의 깃털이 있을 것입니다. 그럼 꿩이었던 제가 환생한 것임을 알 수 있겠지요. 저는 말을 못 하니, 스님을 보고 씩 웃거든 나인 줄 알아 주십시오."

스님이 그 집에 가자, 새로 태어난 아기가 스님을 보고 씩 웃는다. 또 겨드랑이 밑을 보니 꿩의 깃털이 하나 있다. 그래서 그 아이 부모에게 청하였다.

"이 아기가 크거든 내 상좌로 주시오."

부모가 승낙을 하자, 일곱 살이 되었을 때 아이를 데리고 와서 상좌로 삼고 이름을 치익이라고 지어주었는데, 치익은 중노릇을 매우 잘하였다고 한다.

거기가 어딘 줄 알고 들어가느냐

❀

예전에 어떤 사람이 죽었는데, 당나귀의 몸이 아주 장엄이 잘된 누각으로 보여서 들어가려고 하였다. 그때 천도를 하러 왔던 스님의 눈에 그 모습이 보여서 호통을 쳤다.

"살아생전에 대승법문을 들은 네가, 거기가 어딘 줄 알고 들어가느냐?"

곧 죽어서 당나귀의 몸에 들어가서 축생으로 태어나게 되었는데, 대승법문을 들은 덕분에 구제를 받았다는 것이다.

그런데 근래에 실제로 이러한 일이 있었다. 근대의 선불교禪佛敎를 중흥시킨 분으로 추앙받는 경허鏡虛(1846~1912) 스님은 관세음보살만을 불러 견성을 한 무융無融 스님과 친한 도반으로 지냈다.

두 분 스님은 천안 광덕사의 탱화 점안식 증명 법사로 초대를 받았다. 그리고 점안식 후에 받은 보시금으로 주막에 들어가서 마음껏 먹었다. 그때 무융스님이 말하였다.

"이제 구하러 가자. 송광사로!"

송광사에 도착하자 무융스님은 조실방 앞으로 가서 크게 외쳤다.

"동고당東皐堂! 동고당! 동고당!"

이렇게 조실스님의 이름을 세 번 크게 부르고 또 소리쳤다.

"한평생 중노릇을 한 이가 어찌 까치 집으로 들어가려고 하느냐! 까치 새끼가 되고 싶으냐?"

무융스님은 주장자로 마룻장을 '쾅쾅' 울린 다음에, 경허스님과 송광사를 떠나갔다.

당시 송광사의 조실이었던 동고스님은 나이가 많아 세상을 떠날 때가 되었다. 죽음이 임박한 동고스님은 비몽사몽간에 늘 산보를 다니던 송광사 문을 지나 그 앞의 개울가로 갔다. 그런데 난데없는 누각이 보였고, 울긋불긋한 옷을 입은 사람들이 풍악에 맞추어서 노래를 부르면서 즐겁게 놀고 있다가 누각에서 내려오는 것이었다. 그래서 동고스님이 물었다.

"무슨 일이 있기에 풍악소리·노랫소리·웃음소리가 끊이지를 않소?"

"아미타불이 현신하여 설법을 하고 계시오."

평생에 극락왕생을 원했던 동고스님은 귀가 확 뚫렸다.

'아! 나도 들어가서 법문을 들어야지.'

스님이 누각의 계단을 막 올라가려고 하는 그 순간, 뒤에서 험상궂게 생긴 한 승려가 나타나서 호통을 쳤다.

"한평생 중노릇을 한 이가 어찌 까치집으로 들어가려고 하느냐! 까치 새끼가 되고 싶으냐?"

그리고 주장자로 등어리가 으스러지도록 내리치는 바람에 깨어났다. 그 이튿날부터 동고스님의 병은 차도가 있었고, 며칠이 지나 병이 다 나은 다음에 누각의 꿈을 이상하게 생각하여 그곳으로 갔다.

그런데 누각이 보이기는커녕, 까치집이 있는 큰 나무 한 그루가 서 있었고, 까치집 속에는 얼마 전에 부화된 새끼 몇 마리가 꿈틀대고 있었다.

§

무융스님이 아니었으면 동고스님은 까치집으로 들어가서 까치 새끼가 되었을 것인데, 무융스님의 법력으로 되살아나게까지 된 것이다.

이렇게 죽는 순간에 업장 따라 축생의 몸으로 들어가는 이들이 많다. 그렇게 되면 인도환생이나 좋은 세상으로 가지 못하고 평생토록 축생의 몸으로 살게 된다.

그렇지마는 평소에 대승의 경전을 읽고 대승의 법문을 가까이하게 되면, 그 인연으로 좋은 세상에 태어날 수가 있다. 부디 평소에 대승법을 가까이하기 바란다.

2. 원력과 윤회

윤회환생의 이야기는 중국·한국만이 아니라, 전 세계에 걸쳐서 엄청나게 많이 전해지고 있다.

그런데 이러한 윤회의 사례를 접하면서 깊이 새겨야 할 것은, 윤회를 확실히 믿고 우리의 삶을 긍정적으로 펼쳐야 한다는 것이다.

금생에 복을 쌓고 덕을 베풀면 내생이 내가 뜻한 바와 같이 변화하여 나타난다. 성취가 있고 행복이 있고 평화로움이 넘쳐나게 된다.

꼭 내생만 논할 것도 아니다. 살아생전의 어느 날, 또 앞으로의 얼마 후에도 얼마든지 향상된 자리에 서 있을 수가 있다.

윤회를 믿고 바르게 나아가라. 그리고 원을 세워라. 믿든지 안 믿든지 우리의 업은 업대로 전개되고, 내가 세운 원을 따라 일이 이루어지고 윤회의 세계는 펼쳐지게 된다.

범어사 낭백스님의 원력과 환생

❀

조선시대 숙종(1675~1720 재위) 때였다. 동래 범어사에는 계율을 잘 지키면서 열심히 정진을 한 낭백郞白스님이 계셨다. 스님은 열심히 수행하였다. 그렇지마는 그 당시의 사찰 수행 환경은 정말 열악하였다.

억불정책 때문에 사람들은 불교를 마음대로 믿을 수도 없었고 절을 자유롭게 찾아갈 수도 없었다. 그러하니 사찰의 재정이 궁핍하지 않을 수 있었겠는가?

거기에 더하여 관가에서는 범어사 승려에게 금정산성을 지키는 일, 특산물을 수확해서 바치게 하는 일 등 각종 잡된 일을 주어서 혹사를 시켰다.

절에도 해야 할 일이 많은데, 관가에서 시키는 이런저런 일을 처리하다 보니, 수행은 고사하고 절을 유지하기조차 힘들 지경이었다.

'스님들이 하루에 몇 시간씩만이라도 마음 편안하게 수행할 수 있었으면…'

각박한 현실을 접하면서 평소에 늘 이렇게 생각하였던 낭백스님은 부처님 전으로 나아가 지성으로 발원을 했다.

"부처님, 스님들의 부역이 너무 심합니다. 그래서 서원을 발하옵니다. 이 생을 마친 다음 생에 큰 벼슬에 올라서, 범어사 스님들이 부역에 시달리는 일 없이 마음 편히 도를 닦을 수 있도록 하겠습니다. 부처님의 대자비로 굽어살피소서."

이렇게 원을 세운 낭백스님은 범어사를 떠나서 동래 기장의 도어령刀魚嶺(갈치재)에 오두막을 짓고 머무르면서 짚신을 삼아 지나가는 행인들에게 보시를 하였고, 날이 저물면 쉴 곳을 찾는 행인들을 맞아들여서 밥을 차려 주었다.

또 동래에서 온천으로 가는 대낫다리 동쪽 편의 산기슭에 오이와 감자를 키워서 가난한 사람들에게 나누어 주었고, 동래 기찰의 큰길 한쪽 옆에 소나무를 심고 깨끗한 샘을 파서 지나가는 행인들이 갈증을 풀고 쉴 수 있게 하였다.

이렇게 스님은 자비보시행을 실천하며 세속에 살았지만, 조석예불은 하루도 거르는 일이 없었다. 언제나 예불 시간이 되면 서쪽에 있는 범어사를 향해서 부처님께 정성을 다해 기도하였다.

이렇게 스님은 10여 년을 생활하다가, 다시 범어사로 돌아가서 조그마한 방을 하나 얻어 며칠을 머물더니, 그 방의 문에 '개문자시폐문인開門者是閉門人'이라고 썼다. '이 문을 여는 사람이 바로 이 문을 닫은 사람'이라는 뜻이다.

그리고는 한 행자에게 일러주셨다.

"내 이제 굶주린 범에게 몸을 보시하고 떠나고자 한다. 내가 간 다음에 35년이 지나면, 이 절의 잡역을 없애주고 불사를 위해서 애를 쓰는 관리가 있을 터이니, 그 사람이 나인 줄 알아라."

스님은 그 길로 산으로 올라가서 호랑이에게 몸을 보시하였는데, 며칠 후에 나무꾼이 호랑이가 먹다 남은 스님의 유골을 발견하였다.

절에서 이를 수습하여 화장을 하자 사리와 영골靈骨이 나와서 부도를 세웠는데, 지금도 범어사에는 그 부도가 남아 있다. 물론 낭백스님이 닫은 방문은 어느 누구도 열 수가 없었다.

그 뒤 약 35년의 세월이 흘렀을 때, 동래부사로 부임한 조엄趙曮(1719~1777)이 범어사로 와서 닫혀 있던 방의 문고리를 당겼다. 그러자 꼼짝도 하지 않던 문이 스르르 열리는 것이었다.

그때 조엄은 주지에게 절의 사정을 물었다.

"관가에서 시키는 잡역이 너무 많아서 승려들의 고생이 매우 심합니다."

조엄은 '동래부에서 범어사에 부여하였던 노역을 대폭 줄여주고, 각종 불사를 돕겠다'는 약속을 했다.

주지는 닫혀 있던 방의 문을 연 것과 함께 노역을 면제시키는 것에 대해 느끼는 바가 있어서 부사의 나이를 물었다. 조엄이 '35세'라고 하자 주지스님은 무릎을 쳤다.

"바로 오늘이 낭백스님께서 돌아가신 지 꼭 서른다섯 번째 되는 제삿날입니다."

조엄은 나이 마흔에 경상도 관찰사가 되었는데, 또다시 범어사를 위시하여 경상도 각 사찰의 잡역들을 많이 면제시켜 주었다.

범어사에는 이러한 조엄의 공을 기리면서 그 당시에 세운 영세불망비永世不忘碑가 지금도 남아 있다.

용파의 원력과 농산스님의 환생

✿

사찰 부역과 관련된 원력과 윤회에 관한 이야기를 하나 더 하겠다.

조선시대 제19대 왕인 숙종(1675~1720 재위) 때의 일이다. 억불정책으로 인해 불교가 크게 핍박을 당하던 그 시절, 승려들은 사람 취급을 받지 못하였고, 사찰은 온갖 부역에 시달렸는데, 대구 팔공산 파계사把溪寺에 계셨던 영원靈源 용파龍坡 스님은 원을 세웠다.

"내 서울로 가서, 권력 있는 이에게 부탁을 하여 파계사만이라도 승려들의 부역을 혁파革罷시키리라."

스님은 산중 승려들에게 서원을 발표하고, 7백 리 길을 걸어 한양성에 도달했다. 그런데 당시에는 승려의 도성都城 출입이 금지되어 있었기 때문에, 남대문 바깥에서 머무를 수밖에 없었다.

스님은 한강 물을 길어다가 민가에 날라 주면서 끼니를 해결하고, 기도를 하면서 때가 오기를 기다렸는데, 어느덧 3년이라는 세월이 허무하게 지나가 버렸다.

스님은 스스로의 무능을 한탄하면서 간절히 부처님께 가피를 구하였다.

그런데 그날 밤에 숙종 임금은 꿈을 꾸었다. 임금이 남대문(숭례문)의 2층에 올랐더니, 남대문 밖에 있는 세 번째 집 위에서 청룡과 황룡이 휘황찬란한 광명을 놓아서 하늘에 사무치는 것이었다.

이튿날 아침에 숙종은 어전별감御前別監을 불러서, '숭례문 밖 세 번째 집에 가서 낯선 사람이 있거든 데리고 오라'는 명을 내렸다.

어전별감이 그 집에 가 보니 파계사 용파대사만 있어서 궁으로 데려왔고, 숙종은 그에게 물었다.

"이름이 무엇이오?"

"용파라고 합니다."

"이름에 용龍 자가 들어서 지난밤 꿈에 용을 보았구나. 어째서 이 한양으로 온 것이오?"

스님이 불교계의 어려움과 승려 부역의 폐해를 아뢰면서 소원을 말하자, 숙종도 스님에게 명을 내렸다.

"짐에게도 반드시 이루어야 할 소원이 있소. 그 소원을 이루어 주면 사찰에 폐되는 일들을 폐지하여 주리다.

짐의 나이 많으나 아직 세자가 없으니, 원컨대 대사께서는 명산 성지에서 기도를 올려 주시오. 백일을 치성하되 한양 백리 이내에 기도처를 정하면, 궁인과 예관들로 하여금 돕도록 할 것이오."

용파스님은 이 제안을 쾌히 수락하면서 함께 기도할 스님에 대해서 청을 올렸다.

"금강산 만회암에 계신 농산籠山스님이 지금 경성 근처에 와 있으니, 그 스님과 함께 기도하겠습니다."

"누구를 데리고 하든지 알아서 하시오."

그래서 농산스님은 북한산 금선암에서 기도를 하고, 용파스님은 수락산 내원암에서 기도를 했다.

이렇게 기도하기를 70여 일 지났을 때, 용파대사는 선정禪定에 들어, 이 나라에서 임금의 지위에 오를 복을 지닌 사람이 있는지를 관찰하였다. 그런데 모두가 망상과 자기 이익을 구하는 생각으로 가득 차 있을 뿐, 나라의 왕이 될 만한 인물은 보이지가 않았다.

나라 임금의 소원을 성취시켜 주려면 어떻게 해야 하는가? 자신이 죽든지 농산대사가 죽는 수밖에 없었다. 그래서 그해 (1693년) 2월 20일에 농산대사에게 편지를 보냈다.

"내가 기도하는 중에 선정에 들어서 관하여 보니, 사람들 모두가 육종범태肉種凡胎에 망상진뇌妄想塵惱만 가득하여 세자 될 사람이 없으니, 내가 죽든지 스님이 가는 것 외에는 달리 방도가 없는 듯합니다.

그러나 나는 본사本寺에 일이 있어 가지 못할 형편입니다. 부디 화상和尙께서 자비심을 발하여 임금의 지위에 올라서, 전하의 원을 만족시켜 주고 만백성과 불교를 위해 주시기를 간절히 청하는 바입니다.”

나라를 위해서 기도를 하던 농산대사가 편지를 보니, 자기더러 그만 살고 죽으라는 것이다.

'내 나라를 위한 기도를 맡은 것으로 인因을 심었더니, 기도를 마치기도 전에 과果가 벌써 돌아왔구나.'

그래서 회답하였다.

“내가 출가 수도한 것은 대도大道를 성취하여 인천人天의 안목眼目이 되고 모든 중생을 교화할 생각뿐, 나라의 임금이 되어 부귀영화富貴榮華를 누림은 꿈에도 없었던 일이지만, 인因을 따라서 과보가 당도하였으니 어쩔 수 없는 일인 듯합니다. 기도 회향일에 봅시다.”

용파대사는 자기가 보낸 편지 사본과 이 회답 편지를 잘 싸서 보관해 두었고, 농산스님은 백일기도가 끝나는 날 저녁에 자기 방에서 혼잣말처럼 중얼거렸다.

'아, 50년을 망건을 쓰고 있어야 한다는 것인가?'

자기 몸이 죽어서 50년 동안 임금 노릇을 해야 한다는 것을 미리 알고 한 말씀이셨다.

곁에 있던 상좌가 이 말을 들었고, 그날 밤 농산대사는 고요히 입적入寂하였다. 그리고 숙종대왕과 숙빈최씨淑嬪崔氏는 현몽을 하였다.

이튿날 아침에 금선암으로부터 농산대사가 입적하였다는 소식이 임금에게 전하여지자, 임금은 용파스님을 대궐로 불러들였다.

"세자 탄신을 위한 기도가 끝나자마자 농산대사가 입적하였다 하니, 어찌 이런 불상사가 있을 수 있소?"

용파스님은 전에 농산대사에게 편지한 사본과 농산대사에게서 온 회답 편지 두 장을 임금에게 올렸다.

그 편지를 보니 하나는 '죽으라' 하고, 하나는 '회향날에 보자'고 한다. 더욱이 임금과 왕비의 꿈에 선몽까지 하였으니 세자의 탄생을 의심할 바가 없었다.

과연 이듬해 갑술년(1694년)에 세자가 탄생하였는데, 이분이 커서 영조대왕英祖大王이 되었고, 농산스님의 예언대로 50년 넘게 왕위에 있었다.

숙종은 왕자의 태어남에 보답하여 1696년에 파계사를 왕실의 원당願堂으로 삼고, 역대 왕의 위패를 모신 기영각祈永閣을 지으면서, 파계사의 부역을 모두 면제시켜 주었다. 그리고 절 입구에 하마비下馬碑를 세워서 유생들의 횡포를 막아 주었다.

왕이 된 영조도 파계사에 각별히 신경을 써서 중건과 중수를 도왔는데, 1740년(영조 16년)에 원통전의 관음보살상 안에 봉안한 자신의 어의御衣가 최근에 발견되었다.

§

도를 닦아 복덕을 이루었으나, 세자의 잉태를 기도한 인연 때문에 50년 동안 왕이 된 농산스님과, 사찰에 대한 폐해를 막고자 원을 세우고 마침내 그 원을 성취한 용파스님의 이야기는 참으로 우리에게 시사하는 바가 크지 않은가!

팔만대장경을 인출한 용악스님

❀

이제 윤회하여 개인의 원을 성취한 예를 하나 소개하겠다.

내가 젊었을 때 통도사에 계셨던 용악聳岳(1830~ 1908) 스님은 원래 함경도 석왕사釋王寺로 출가한 분인데, 금강경을 십여 년 동안 수십만 번 독송하였고, 이에서 사리舍利가 나왔다고 한다.

스님이 석왕사에 있을 때 오산 수암사라는 곳에 가서 음식을 대접받고 차를 석 잔 받는 꿈을 꾸었는데, 꿈에서 깨어나서도 꿈속에서 본 절의 모습이 너무 선명하였다. 그것도 한 번만 꾼 것이 아니다. 해마다 그날이 되면 수암사에서 대접을 받는 꿈을 꾸었다.

'오산 수암사가 어디에 있는 절인가? 왜 해마다 같은 날에 이러한 꿈을 꾸는 것인가?'

늘 궁금하게 여기던 차에, 하루는 어느 객스님이 무슨 말을 하던 중에 '오산 수암사'라고 하는 소리를 듣고 반갑게 인사를 하면서 물었다.

"수암사에는 나무로 만든 홈대를 따라 부엌에까지 물이 들어가고, 돌로 된 수각이 있습니까?"

이어 수암사 대강의 모습이 이러이러하냐고 물었다.

"예, 그렇습니다. 스님께서는 수암사에 언제 와보셨습니까? 수암사는 함경북도 멀리에 있는 절인데…."

"모월 모일은 수암사에 행사가 있는 날입니까?"

"예, 그날은 우리 수암사를 중창한 스님의 제삿날입니다."

'아하 그랬었구나. 내가 오산 수암사의 중창주로 있다가 다시 태어나서 이 몸을 받았기 때문에, 제삿날마다 꿈에 음식과 차를 받아먹었구나.'

그래서 다시 물었다.

"그 스님이 평소에 원했던 바가 무엇이었습니까?"

"그 스님께서는 해인사에 있는 대장경판을 모두 찍어서 모셔놓고, 그 경 모두를 보고자 하셨습니다."

"내가 평소에 해인사 대장경을 인출해서 모셔놓고 읽는 것이 소원이었는데, 그 말씀을 듣고 보니 전생부터의 소원이었습니다그려."

용악스님은 불꽃과 같은 것이 뜨겁게 솟아오르는 것을 느끼면서, '전생에 못 이룬 원을 금생에는 기어코 이루리라' 마음속 깊이 다짐하였다.

원력을 성취하기 위해 스님은 병신년(1897년)에 통도사 적멸보궁에서 백일기도를 시작하였다. 대장경 인출 불사에는 엄청난 경비가 소요된다. 그래서 몇 사람의 힘으로는 이루기가 불가능하기 때문에, 부처님의 위대한 가피력으로 이 소원을 성취시켜 달라고 기도를 시작한 것이었다.

그런데 기도를 하는 도중에 자장암慈藏庵의 금개구리[金蛙]가 내려와서 큰 법당 탁자 위의 뜨거운 불기佛器에 붙어 있는 상서를 여러 차례 보였다. 금개구리가 자주 뜨거운 불기에 붙어 있는 것을 보고, 스님은 '이번 기도가 성취되겠구나' 하는 확신을 얻었다.

그 이듬해인 정유년(1898년)에는 해인사 장경각 정원인 금잔디밭에서 백일기도를 시작했다.

70여 일쯤 지났을 때, 점심을 먹고 마당에 서서 기도를 하려니까, 큰 뱀 두 마리가 똬리를 틀고 있는 것이 보였다. 스님은 문득 생각하였다.

'화엄경을 보면 화엄호법성중華嚴護法聖衆 이야기가 나오는데, 그중에 뱀의 몸을 나투는 복행신장腹行神將이 있다. 내가 오늘 복행신장을 만났구나.'

스님은 합장을 하면서 축원을 했다.

"저의 이 기도에 화엄복행신장이 왕림하셨으니, 이 대장경 인출의 원을 꼭 이루게 해 주십시오."

그러자 그 뱀들이 장경각 둘레를 돌기 시작하였고, 용악스님도 축원을 하면서 따라 돌았다. 그런데 뱀들이 화엄경판 곁으로 가더니 문득 사라져 버린다. 그래서 과연 복행신장이 온 줄을 확신하였다.

마침내 백일기도를 회향한 스님은 그 당시 해인사 화주승化主僧이었던 범운화상梵雲和尙에게 부탁을 했다.

"이제 나라에서 장경불사藏經佛事를 하라고 할 터이니, 권선책勸善冊 하나를 미리 매어놓으십시오."

과연 이듬해인 무술년(1899년) 5월에 나라에서 해인사로 뜻밖의 통보를 보내어왔다.

"장경불사를 할 터이니 화주책化主冊을 가지고 올라오라."

범운스님이 만들어 놓은 화주책을 가지고 올라가자 탁지부(재무부) 6만 냥, 경운궁 1천5백 냥, 의정부 7천5백 냥, 경상관찰사 5백 냥, 통도사 5천 냥 등, 도합 3만 4천5백 냥을 내게 하여서, 어려운 불사를 순조롭게 잘할 수가 있게 하였다.

그래서 고려대장경을 4부 인출하였는데, 불법승 삼보사찰인 통도사·해인사·송광사에 각 1부씩 모셨고, 나머지 1부는 전국의 유명한 사찰에 나누어 모시게 하였다.

용악스님은 통도사 장경각 옆에 방을 하나 마련하여서, 10년을 하루같이 이 대장경을 열람하며 지내셨다.

스님은 하루에 한 끼만 자셨다. 한 그릇 반쯤 되는 양이었는데, '부처님께서도 하루에 한 끼씩 자셨으니까 나도 그렇게 한다'고 하셨다.

내가 강원講院에서 공부를 할 때인데, 학인들이 '스님 손이 참 부드럽습니다' 하면 '도라면수兜羅綿手이지'라고 하셨다. 도라면수란 부처님의 손이라는 말이다.

스님은 입적入寂하기 3년 전에 미리 말씀하셨다.

"부처님께서는 79세 되시던 2월 보름날에 열반하셨다. 나도 3년 후면 79세 되는 해이니, 그해 2월 보름날 가겠다."

그 해가 되자 모두들, '스님께서 올해 돌아가신다고 하셨는데 어찌하려는고' 궁금해하였다.

그런데 2월 보름날이 되자 스님께서는 아침을 자시고 법당들을 돌면서 참배를 드렸다. 그리고 밤이 깊어지자 가만히 앉아 입적하셨는데, 기이한 향기가 방에 가득 넘쳤다.

스님은 이렇게 윤회를 실증해 보이셨고, 원을 세워 지극히 기도하면 반드시 성취를 할 수 있다는 것, 경만 지극하게 읽어도 편안히 입적할 수 있다는 것을 증명해 보이셨다.

ஃ

지금 우리 눈에 윤회가 보이지 않기 때문에 윤회와 내생에 대한 믿음이 굳건하지 못하겠지만, 윤회를 믿는다고 하여 손해를 볼 것은 조금도 없다. 믿으면 오히려 편안해지고 바르게 노력할 수가 있다.

절대로 윤회는 우리를 나쁜 쪽으로 인도하는 가르침이 아니다. 오히려 우리를 향상시키고 살려주는 가르침이다. 윤회하기 때문에 보다 큰 뜻을 품을 수가 있고, 보다 높은 자리로 나아갈 수가 있다.

그러므로 지금 이 생에서 원을 잘 세우고 나아가야 한다. 원을 잘 세우고 복을 지으면서 살아가면 어떠한 소원이라도 능히 성취할 수가 있다. 현세에서 이루기가 어려운 여건이면 내세에서라도 능히 그 원을 이룰 수가 있다.

윤회와 인과를 철저히 믿고 '내가 지은 업을 기꺼이 받겠다'는 자세로 살아가면서, 향상의 원을 세우고 복을 지어나가면, 날마다 나날이 행복해지고 세세생생을 행복하게 살다가, 마침내는 부처님과 같은 대해탈을 이룰 수 있게 되는 것이다.

부디 윤회에 대해 사색을 잘하고 굳건한 믿음을 가져서, 좋은 앞날과 좋은 세상을 만들어 가기 바란다.

相逢誰問還家路　상봉수문환가로

山自高兮水自深　산자고혜수자심

누구를 만나 집으로 돌아가는 길을 묻는가

산은 스스로 높고 물은 스스로 깊다네

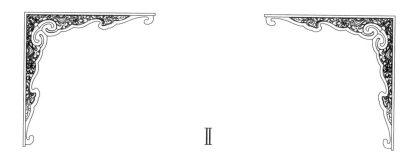

Ⅱ

사바의 문제는 삼독三毒

극락암 오는 길을 바라보고 계신 스님

1. 참을 인忍 자 세 개를 가슴에 품어라

우리가 살고 있는 곳은 사바세계娑婆世界이고, 사바는 감인堪忍, 곧 '잘 참아야 한다'는 뜻을 지닌 인도말이다. 바꾸어 말하면 우리가 살고 있는 사바세계는 '참지 않고서는 살아갈 수 없는 곳'이라는 뜻이 담겨져 있다.

그래서인지, 우리의 일상생활에는 견디기 어려운 고통이 많다. 눈·귀·코·혀·몸·생각의 육근六根에 부딪히는 색깔·소리·향기·맛·감촉·법의 육경六境들에 대해서 좋고 나쁜 감정이 생겨나게 되는데, 그 좋고 나쁜 감정대로만 살아갈 수는 없다.

좋은 것에 대해서도 푹 빠지는 것을 참을 줄 알아야 하고, 싫은 것에 대해서도 인내하고 받아들일 줄 알아야 한다.

실로 이 세상을 살아가는 데 있어서 정말 중요한 것은 인욕忍辱이요 인내忍耐이다. 그런데 흔히들 인욕이라고 하면 남한테 당하는 것을 잘 참는 것만 생각을 하는 이들이 많다.

그러나 참을 인忍은 남한테 당하는 것만 참으라는 것이 아니다. 내 속에서 일어나는 나쁜 버릇도 참을 줄 알아야 한다. 특히 나의 급한 성질·고집·신경질을 잘 참아낼 줄 알아야 한다.

꼭 참아야 할 세 가지

✿

나는 찾아오는 불자들에게 "참을 인忍 자 세 개를 가슴에 품고 살아라."는 말을 많이 한다. 그러면 '참을 인' 세 개의 뜻이 궁금한지 되묻는 이들이 많다.

"스님, 그냥 잘 참고 살라고 해도 될 것인데, 왜 '참을 인 자 세 개를 품고 살아라' 하십니까? 특별한 까닭이 있습니까?"

그때 그들에게 일러준다.

"봐라, 세상 사람들은 성질이 급하고 고집이 세고 신경질이 많다. 대부분이 그렇게 살지, 그렇지 않은 사람이 드물다.

그런 사람들 속에서 잘 살아 나가려면 어떻게 해야 되겠느냐? 참을 수밖에 없다.

사람들이 급하게 다그치는 것을 잘 참아내어야 하고, 세게 고집부리는 것을 잘 참아내어야 하고, 신경질 부리는 것을 잘 참아 내어야 한다. 그래야 문제없이 편안하게 잘 살 수 있기 때문에 '참을 인 자 세 개를 가슴에 품고 살아라'는 것이다.

그리고 내 스스로 급한 성질에 빠져서 살고, 고집을 부리면서 살고, 신경질을 뿜어내면서 살면 어떻게 되느냐? 될 일도 잘 안될뿐더러, 온통 후회되는 일만을 저지르게 된다.

그러니 어찌해야 되겠느냐? 참을 인 자 세 개를 품지 않고서야 이러한 자신을 어떻게 다스릴 수 있겠느냐?

그래서 안과 밖으로 '참을 인 자 세 개를 가슴에 품고 살아라'고 하는 것이다."

급한 성질과 고집과 신경질!

❀

성질이 급하고 고집이 세고 신경질이 많은 사람!

나를 찾아오는 사람들 중에는 얼굴이 평온하지 못한 이들이 많다. 나는 그들을 묵묵히 바라보다가 등을 탁 치면서 꾸짖는다.

"무엇 때문에 수심·근심 보따리를 가슴에 잔뜩 안고 다니느냐!

그 근심걱정 보따리가 다 성질이 급하고 고집이 세고 신경질이 많은 데서 생긴 것이다. 고쳐라!

고무줄이나 용수철은 당기면 늘어나고 놓으면 오므라든다. 이것처럼 사람도 신축성이 있어야 세상을 살면서 상함이 없이 살아갈 수가 있다. 버스에 쿠션이 없으면 엉덩이가 어찌 안 상하겠느냐?"

이렇게 말하면 대부분이 '예'하면서 반성을 한다.

☗

내가 사람들한테 '성질이 급하고 고집이 세고 신경질이 많다'고 하는 이것은 인간이면 누구나 품고 있는 탐貪·진瞋·치

癡의 삼독심三毒心, 곧 탐욕과 분노와 어리석음을 깨우치는 법문이다.

이 삼독의 마음이 부드럽고 평화롭고 착하고 순한 마음〔柔和善順心〕으로 돌아설 때 평화롭고 행복하게 살 수 있다는 것을, '성질이 급하고 고집이 세고 신경질이 많다. 고쳐라.'는 말로 돌려서 한 것임을 알아야 한다.

느긋한 성격에 고집을 부리지 않고 미소를 지으면서 살면 행복은 저절로 이루어지기 때문에, '삼독을 참는 참을 인 자 세 개를 품고 살아라'는 것이다.

2. 탐·진·치 삼독 이야기들

탐욕[貪]과 성냄[瞋]과 어리석음[癡], 이 삼독三毒이 바로 우리가 살고 있는 삼계三界와 삼악도三惡道를 만들어낸다.

탐욕이 차면 아귀餓鬼의 과보를 받고, 성냄이 많으면 지옥에 떨어지고, 어리석음이 많으면 축생으로 태어난다. 이 탐욕과 성냄과 어리석음이 작용을 하여 모든 악한 세상[惡趣]을 만들어내는 것이다.

그럼 이 삼독은 어디에서 비롯되는가? 이기심에서 비롯된다. 나의 이기심은 보지 않고 남의 것이나 남의 허물을 먼저 보기 때문에 삼독심이 들끓게 되는 것이다.

인간이 깨어나려면 내 허물부터 볼 줄 알아야 하는데, 어리석음과 탐욕 때문에 남의 허물을 먼저 본다. 왜 이렇게 되었는가? 이에 대한 재미있는 이야기가 있다.

제석천이 준 주머니

❀

제석천왕帝釋天王이 인간에게 주머니 두 개를 꿰매어서 주었다. 주머니 하나에는 자기 허물을 넣고, 다른 하나에는 남의 허물을 넣어, 목에 걸어서 가슴 좌우로 늘어뜨리고 다니게 하였다. 그래서 자기 허물도 볼 수 있고 남의 허물도 볼 수 있도록 한 것이다.

그런데 목에 걸 때 잘못 걸어서, 남의 허물이 들어가는 주머니는 앞으로 오고 자기 허물이 들어가는 주머니는 뒤로 가게 걸었다. 그래서 밤낮으로 앞에 걸린 남의 허물만 보고 뒤쪽 주머니의 나의 허물은 보지 않게 되었다고 한다.

이렇게 자기의 허물을 볼 줄 모르니, 삼독이 나날이 더 늘어날 수밖에….

노지장자 이야기

✿

부처님 당시에 노지장자蘆志長者라는 이가 있었다. 그는 재물이 아주 많은 부자였으나, 어찌나 인색한지, 집안 식구들은 언제나 궁색하였고 제대로 먹지도 못하면서 살았다.

그는 명절날이 되자 돈 오 푼으로 술과 떡을 사 가지고 집안 식구 몰래 혼자 산으로 가서 먹고는 노래를 불렀다.

'복승福勝 비사문 毘沙門이요 낙승樂勝 천제석 天帝釋일새'

사천왕四天王 가운데 복福이 가장 많다는 비사문천왕毘沙門天王보다 내 복이 더 뛰어나고, 즐겁기가 최고인 제석천왕帝釋天王보다 내 낙이 더 낫다는 말이다.

그때 제석천왕이 세상을 살피다가, 노지장자가 가족 몰래 음식을 사서 자기 혼자 산에 가서 먹고는 비사문천왕보다 복이 낫고 낙樂은 하늘의 제석천왕보다 낫다고 하는 것을 보게 되었다.

"이 놈의 마음을 고쳐 주리라."

제석천왕은 노지장자와 똑같이 몸으로 변하여 장자의 집으로 갔다. 그리고 광문을 열어서 돈을 꺼내어 주었다.

"오늘이 명절이니 술과 밥과 떡을 잔뜩 장만하여 오너라."

　그래서 온 집안 식구들이 모처럼 배불리 먹었다. 그때 제석천왕은 그들에게 시켰다.

"조금 있으면 나와 똑같이 생긴 놈이 찾아올 것이다. 오거든 집안으로 들이지 말고 내쫓아 버려라."

　과연 조금 있으니까 진짜 노지장자가 들어왔다. 자기 혼자 산에 가서 술 한 잔 먹고 들어오는 그를 향해 집안 식구들은 소리쳤다.

"장자는 지금 집 안에 계신다. 너는 웬 놈이기에 노지장자와 똑같이 생겨 가지고 이 집으로 들어오는 것이냐?"

　그래서 쫓겨난 진짜 노지장자는 하도 기가 차서 집안을 가만히 들여다보았다. 그런데 자기와 똑같이 생긴 웬 놈이 앉아 있다. 할 수 없어서 관가로 갔다.

"내가 진짜 노지장자인데, 나와 똑같은 놈이 우리 집에 들어가서 나를 쫓아내니 해결을 해주십시오."

　그래서 둘이 같이 관가에 불려 갔는데, 얼굴이 똑같아서 누가 진자 노지장자인지 분간을 할 수가 없었다.

"진짜 노지장자라면 광 속에 곡식이 얼마나 들어 있고 돈이 얼마나 들어 있는지를 알 것이다. 말해 보아라."

진짜 노지장자는 광 속에 나락이 얼마나 있는지 돈이 얼마나 들어 있는지를 다 알 수가 없었다. 그러나 신통력으로 무엇이든지 알 수 있는 제석천왕이지 않은가! 무엇이 얼마 있고 무엇이 얼마 있다고 하면서 척척 대답을 하자, 판관이 진짜 노지장자를 보고 말하였다.

"네가 진짜 노지장자 같으면 돈이 얼마 있고 곡식이 얼마 있는지를 다 알 것이다. 그런데 너는 모르고, 저 사람은 다 알고 있다. 그러니 저 사람이 진짜 노지장자요 너는 가짜다. 너는 가거라."

그렇게 하여 쫓겨난 노지장자는 거지가 되어서 여러 해 동안 무척 고생을 많이 했다. 어느 날 노지장자는 문득 부처님을 생각했다.

'부처님은 대자대비大慈大悲하시니, 부처님께 가서 내 원을 풀어달라고 하자.'

그는 부처님한테 가서 애걸하였고, 모든 것을 다 알고 계셨던 부처님은 제석천왕을 불렀다.

"이제 고생 그만 시키고 본래 몸을 나타내어라."

제석천왕이 본래의 모습으로 돌아오자 부처님께서는 노지장자에게 이르셨다.

"너는 전생에 지은 복으로 부자가 되었다. 그런데 너무 탐심이 많다. 또 인색해서 모을 줄만 알았지, 집안 식구조차도 돌보지 않는다. 또 다른 사람에게 베풀거나 이익을 주지 않는다. 하물며 '제석천왕보다 즐거움이 낫고 비사문천왕보다 복이 많다'는 소리까지 하니, 제석천왕이 변신을 해서 너를 응징하게 된 것이다. 다시는 그런 짓을 하지 말아라."

노지장자는 비로소 마음을 고쳐먹었다.

§

돈을 우습게 보지도 말고, 탐욕의 과보를 우습게 보지도 말아야 한다. 특히 있으면서 혼자만 즐기고 베풀 줄 모르면, 배척을 받아 외톨이가 되고 빌어먹는 과보를 받게 된다.

요즈음도 한집안 식구들에게까지 지나치게 인색한 사람이 없지가 않다. 모름지기 돈을 벌고 모으고 쓰는 데 있어서 중도中道를 취할 줄 알아야 한다.

돈님 돈님 나갈 때는

❀

밀양密陽에 큰 부자가 있었다. 그런데 돈을 넣어둔 광에다가 매일같이 절을 하면서 기원을 했다.

'돈님요 돈님요 나가실 때는 부디 사람 상하지 않게 하고 나가시소.'

⚶

그가 왜 이와 같은 기원을 하였을까?

돈은 무서운 것이다. 우선 편리한 대로 부정스럽게 돈을 모을 생각을 말아야 한다. 설사 건전하게 모은 재산이라도, 이웃과 복 짓는 일과 밝은 사회를 만드는 데에 많이 헌납해야 한다.

뱀이 된 홍도비구

❀

삼독 가운데 가장 경계해야 할 것은 성냄[瞋]이다.

예전에 금강산 4대 사찰 중 하나인 표훈사의 암자 돈도암
頓道庵에 홍도弘道라는 비구가 있었다. 그는 수행을 매우 잘
하여 큰스님으로 추앙받았는데, 어느 날 문득 죽어버렸다.

그리고 얼마 뒤에 한 승려가 그 암자를 찾았더니, 푸른 뱀이
나와서 꼬리로 모래밭에 글을 쓰는데, 글이 사람들을 경책하
는 내용이다.

행봉불법득인신 幸逢佛法得人身	내 다행히	사람 몸에	불법까지	만난 덕에
다겁수행근성불 多劫修行近成佛	여러 겁을	수행하여	부처될 날	가까웠소
송풍취탑안중시 松風吹楊眼中柴	허나 건듯	송풍 불어	티가 눈에	들어가자
일기진심수사신 一起瞋心受蛇身	문득 성을	한번 내어	뱀의 몸을	받았다오

천당불찰여지옥 天堂佛刹與地獄	천당 가고	극락 가고	지옥으로	가는 것은
유유인신소작인 唯由人身所作因	사람 몸을	받았을 때	지은 인연	탓이라오
아석비구주차암 我昔比丘住此庵	옛날 내가	비구로서	이 암자에	있었는데

今受此身恨萬端 지금 뱀이 되고 보니 한스럽기 그지없소

寧碎我身作微塵 내 차라리 몸을 부숴 가는 티끌 될지언정
誓不平生一起嗔 맹세컨대 평생토록 성을 내지 않으리다
願師還向閻浮提 원하오니 스님이여 세상으로 돌아가서
說我形容戒後人 나의 형상 설명하여 후인들을 경계하소

含情口不能言語 비록 뜻은 품었으나 말을 하지 못하기에
以尾成書露眞情 이 꼬리로 글을 써서 참마음을 알립니다
願師書寫懸壁上 원하오니 스님이여 이 글 써서 벽에 걸고
欲起嗔心擧眼看 성이 나려 할 때마다 부디 한번 바라보소

8

이 홍도비구의 이야기는 성내는 것을 경계한 것이다. 수행을 잘하여 대오大悟를 눈앞에 두었는데, 눈에 티끌이 들어가자 자신도 모르는 사이에 성을 내고 신경질을 내고 짜증을 부린 것 때문에 뱀의 몸을 받았다는 것이다.

'부처 될 몸이 뱀의 몸을 받았다.'

이처럼 성을 내고 신경질을 내고 짜증을 부리는 것은 앞길을 크게 그르치는 일이 된다.

한평생을 살면서 성을 내지 않을 수야 있겠느냐마는, 살아가면서 가장 경계해야 할 것이 성냄이다. 성을 낼 일이 있을 때 능히 참아서 성을 내지 않고 고함을 지르지 않으면, 일이 잘 되는 묘한 수가 있다.

상도를 잃은 주인의 분노

✿

어떤 사람이 돈을 벌기 위해서 가게를 하나 차렸다. 그런데 손님이 들어와서 이 물건 저 물건을 골고루 만지기만 하다가 어림도 없을 만큼 값을 깎는다.

주인은 참을 수가 없어서 버럭 화를 내었다.

"당신 같은 사람은 안 와도 좋으니 당장 나가요."

그러면서 가게 밖으로 밀어내었다.

⚜

이렇게 장사를 하는 것이 상도商道에 맞는 것인가? 어긋난다는 것은 모두가 다 알고 있다.

좀 마음이 언짢아도 꾹 참고, '다른 데를 둘러보시고 값이 적당하면 또 오시지요.'라고 하면서 웃음으로 보내야 상도에 맞는 것이다.

도에 어긋나는 것, 그것이 곧 어리석음이다.

선비의 봉변

❀

살다가 보면 어리석게 당하는 일이 많다.

예전에 가난한 양반 집의 제삿날이 다가오자, 아내가 삼베를 한 필 짜서 남편에게 주면서 '제사 장을 봐오라'고 한다. 남편은 도복을 갈아입고 담뱃대·삼지·수건·부채를 챙긴다. 그리고 아내가 짠 베를 지팡이에 끼워서 어깨에 메고 시장으로 간다. 그런데 하인 같이 생긴 사내가 나타나서 묻는다.

"샌님 어디 가시옵니까?"

"시장에 간다."

"양반 체면에 베를 메고 가서야 되겠습니까? 제가 메고 가겠습니다."

사내는 삼베를 받아 어깨에 메고 시장에 도착해서는, 제일 큰 음식점에 먼저 들어가서 주인에게 전한다.

"양반이 오시니, 깨끗한 방을 주시오."

주인이 방을 말끔하게 비워서 양반을 모신 다음, 온갖 음식을 차려서 들어온다. 양반은 생각을 한다.

'하인이 나를 대접하려나 보다.'

그래서 차려온 음식을 편안히 먹는다. 사내도 밖으로 나가서 먹고 싶은 대로 마음껏 먹고는 양반에게 아뢴다.

"샌님은 점잖은 양반인데, 어찌 시장에 삼베를 팔러 가겠습니까? 소인이 그 삼베를 팔아서 오겠습니다."

"오! 그래. 네가 잘 팔아 오너라."

삼베를 받은 사내는 그 길로 사라져서 해가 저물어도 나타나지 않는다. 주인은 음식값을 달라고 하는데, '하마 오지 않을까' 초조한 마음으로 대문 밖으로 나가 기다리다가, 성도 모르고 이름도 알 수 없는 그를 향해 소리를 친다.

"너만 알고 내가 모르는 이놈아! 어디로 갔느냐? 빨리 오너라."

그렇다고 계획적으로 속이고 가버린 놈이 나타날 리가 없다. 날이 어두워지자 주인은 '음식값 조로 양반 의관과 도포를 내어놓아라.' 채근을 한다. 하는 수 없이 음식값 조로 옷을 뺏기고 밤이 깊어서 집으로 돌아오니, 아내가 대문 밖에서 왔다 갔다 하며 조급하게 기다리고 있다가, 도포도 의관도 없이 나타나는 남편을 보고 묻는다.

"제사 장거리는 어떻게 하였소?"

남편이 자초지종을 이야기하자, 아내는 가슴을 치고 눈물을 흘리며 집 안으로 들어갔다.

감 팔러 간 양반

✿

예전에 가난한 양반이 감을 가지고 시장으로 갔는데, 상놈
들에게 존댓말로 '감 사소.' 하면서 외치기가 쉽지 않았다. 양
반 체면에 장사를 하기가 못마땅해서였다.

그런데 어느 골목에서 소금 장수가 '소금 사소' 하면서 지나
가는 것이었다.

'옳지 되었다.'

양반은 소금 장수 뒤를 따라가면서 계속 소리쳤다.

"소금 사소."

"감도 같이."

⚭

요즘은 양반 상놈이 없지만, 예전에는 양반 체면 때문에 별
별 일이 다 일어났다. 그런데 양반이라도 물건을 팔 일이 있
으면 두 팔을 걷어붙이고 팔아야 한다. 그래야 가난에서 벗어
날 수 있고 남에게 사기를 당하지 않는다.

어떤 신분이나 고집에 사로잡혀 사는 것. 이것도 버려야 할
큰 어리석음이다.

술집 김치 맛있다는 영감의 타령

❀

옛날에 어느 영감이 오후 서너 시쯤 되어 배가 쓸쓸해져서 집 근처의 술집으로 갔다. 술 한 잔을 먹고 안주로 김치를 먹었는데, 그 김치가 어떻게나 맛이 있던지, 늘 밥상을 대하면 내뱉었다.

"아무개 술집 김치는 참 맛이 있더라."

그 말을 들은 마누라는 생각을 했다.

'저놈의 영감. 집에서 갖은양념에다가 고기를 넣고 정성을 들여서 만든 우리 김치는 나무라면서, 시장할 때 술 한 잔 먹고 씹은 그 술집 김치만 자꾸 칭찬을 하는구나.'

그래서 하녀를 불러 시켰다.

"우리 김치를 치마 밑에 넣어 가지고 나갔다가, 조금 지나서 술집에서 얻어 온 것인 양 가져오너라."

그리고는 영감이 듣는 데서 하녀에게 말하였다.

"봐라. 저 술집에 가서 김치 한 그릇 얻어오너라."

하녀는 자기 집 김치를 몰래 가지고 나갔다가 돌아와서 상 위에 김치를 대령하였다.

"술집에 가서 김치를 얻어 왔습니다."

영감이 그것을 먹어 보더니 무릎을 친다.

"하하, 김치는 이래야 되지."

마누라는 기가 차서 소리쳤다.

"이 영감아, 이것은 우리 김치다. 영감이 술집 김치를 하도 칭찬해서, 하녀에게 우리 김치를 몰래 가지고 나갔다가 오라고 했다. 그래, 우리 김치 맛있제?"

୫

오후 세 시나 네 시쯤 되어서 배가 고플 때 술 한 잔과 함께 먹는 김치 맛은 최고라 하고, 집에서 정성 들여 담은 김치는 맛이 없다고 하니, 이것이 바른 일인가?

살다 보면 있는 그대로가 아니라, 때에 따라 장소에 따라 인연에 따라, 좋았던 것과 나빴던 것에 대해 집착하고 고집하는 경우가 많다. 이것 또한 어리석음이다.

관념에 빠진 어리석음이나, 집착에 빠진 어리석음에 빠져들지 말아야 한다. 그리고 교만 속에 빠지고 공연한 의심을 일으키면서 사는 것도 버려야 할 어리석음이다.

관념과 집착과 교만과 의심을 내려놓고 늘 새로운 마음으로 나날이 새롭고 좋은 날을 만들어야 한다.

삼 형제의 '의견 났다'

❁

옛날에 형제 셋이서 명태 세 마리를 삶아 먹고 말하였다.

"우리 의견을 내자."

먼저 큰 형이 말하였다.

"의견 났다. 코가 내리 붙어서 다행이지, 위로 붙었으면 비가 올 때 코에 물이 들어가서 견디지 못할 것이다."

둘째가 말하였다.

"나도 의견 났다. 배가 앞으로 붙어서 그렇지, 뒤로 붙었으면 밥을 먹고 잠을 잘 때 밥이 입으로 튕겨 나올 것이다."

막내가 말하였다.

"나도 의견 났다. 발가락이 앞으로 붙어서 그렇지, 뒤쪽으로 붙었으면 다니다가 뒤에 오는 놈에게 발이 밟혀서 넘어지기 바빠 볼 일을 못 볼 것이다."

⚱

'참 어리석게 별 의견도 다 낸다' 싶겠지마는, 틀린 말은 아니다.

살다 보면 탐심·진신·치심의 삼독심에 빠져들어서 시련을 겪는 일이 어찌 없겠느냐마는, 이 삼독심 때문에 어려움을 당하더라도 마음을 태연하게 가져서 동하지 말고, 여유롭고 지혜롭게 살아야 한다.

부디 참을 인 자 세 개를 가슴에 품어서 나 스스로가 부리는 '급한 성질·고집·신경질'을 능히 참아내고, 바깥에서 부는 시시비비들을 잘 극복하여 평화로운 삶을 이루기 바란다.

數片白雲籠古寺　수편백운롱고사
一條綠水繞靑山　일조녹수요청산
몇 조각의 흰 구름이 오래된 절 감싸는데
한 줄기의 푸른 물이 청산 감고 흐르누나

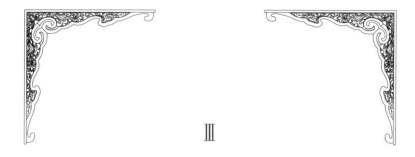

III

사바의 꿈에서 깨어나라

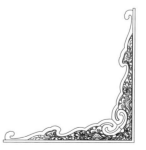

승려와 선문답을 하고 계신 스님

1. 꿈과 같은 사바세계

중생은 꿈속에서 다시 꿈을 꾼다. 밤꿈도 계속 꾸지마는, 낮꿈도 끊임없이 꾼다. 더군다나 마음을 그릇되이 사용하면 번뇌의 안개가 더욱 짙게 시야를 가려서, 밤낮없이 몽롱한 꿈속을 배회하게 되는 것이다.

결국 인생살이의 실패가 무엇이더냐? 허망한 꿈속에 갇혀서 허둥거리다가 죽어가는 삶을 말하는 것이 아니더냐? 그러므로 번뇌망상과 근심걱정이라는 허망한 꿈에서 몰록 깨어나서, 물질과 사람을 초월한 정신을 가지고 멋들어지게 살아가야 한다.

그러나 중생이 다 그러하더냐?

누군가가 보고 있다

✿

깜깜한 밤에, 자동차가 다리 위를 급히 달리다가 사람을 치어서 죽였다. 운전자도 함께 탄 사람도 크게 당황을 하고 탄식하다가, 그 시간에 다니는 차가 없고 본 사람도 없다고 생각하여 죽은 이를 물속으로 던지고 달아났다.

이때 웬 총각이 사람을 친 다음 물에 집어넣고 도망을 치는 장면을 목격하고 자동차번호를 적었다.

이튿날 경찰이 와서 '어떤 놈이 이렇게 사람을 죽였는지' 탐문을 하고 다니자, 총각이 차량번호를 알려주면서 '잡으라'고 하였다.

그 자리에 사람 없는 것만 알았지, 뒤에서 번호를 적는 것은 몰랐던 것이다.

죄지었으니 벌을 받지

❀

또 어떤 놈이 설악산에서 사람을 다섯이나 죽이고 달아나면서, 집에 불까지 질러버렸다. 죽은 송장까지 집과 함께 불타버려서 알 사람이 없었는데, 날마다 눈만 뜨면 죽은 사람이 나타나서 도저히 살 수가 없었다.

그래서 '내가 사람을 죽였다'며 자수를 했다.

❦

죄를 지으면 죄지은 사람이 벌을 받지, 다른 사람이 받지 않는다. 인因을 지으면 반드시 과果가 있으니, 어떻게든지 나쁜 인을 심지 않도록 해야 한다.

염라대왕 소식

✿

　어떤 이가 염라대왕의 사자에게 잡혀서 저승으로 가자 염라대왕이 물었다.

　"너는 세상에서 무엇을 하였느냐?"

　"예, 장가 들어 아들딸 낳고, 농사도 짓고 장사도 하면서 처자식을 먹여 살렸습니다."

　"네 이놈, 그런 일을 하지 않는 사람이 어디 있느냐? 복을 지은 것, 남을 위해서 좋은 일 한 것을 말해 보라는 것이다."

　"대왕께서 '잡아가겠다'는 소식을 주셨으면 좋은 일들을 많이 하였을 텐데, 이렇게 빨리 잡혀 올 줄은 전혀 몰랐습니다."

　"네 이놈, 몰랐다고? 너의 검은 머리가 백발이 되고, 얼굴에 주름이 깊어지고, 밝은 눈이 어두워지고, 귀가 멀어지는 것들 모두가 이 '염라대왕의 소식'이었거늘, 어찌 몰랐다고 하느냐? 이놈을 옥에 가두었다가 나쁜 곳으로 보내어라."

⚱

　이 사바세계에서 행복하게 잘 살려면 인과부터 확실히 믿어야 한다. 인因을 지으면 과果를 받게 된다는 것을 알아야 죄를 짓지 않고 선행을 하게 된다. 그리고 이 사바세계의 무상함無常함을 직시할 줄 알면 도를 잘 닦을 수가 있다.

그런데 사람들은 '무상無常'이라는 단어부터 싫어한다. 그래서 즐거운 삶들을 찾아 무상함을 잊어버리고, 그야말로 영원한 행복이 아니라 공허한 행복을 찾으면서 살아가는 것이다.

그렇다고 하여 참된 자기와 진정한 향상向上을 생각하지 않는 인간은 없다. 참된 자기를 찾고 진정한 향상을 하고 싶어하는 것이 자기를 사랑하는 모든 인간의 소망이기 때문이다.

그런데 가만히 있으면 향상이 안 된다. 자기가 처한 현실을 곰곰이 생각해 보고, 무상함을 느낄 줄 알아야 한다. 그래서 자신의 잘못을 뉘우치고 반성할 줄 알아야 한다. 그래야 향상을 할 수가 있다.

한 점의 구름이 저 태양을 가리면 어떻게 되는가? 세상이 밝지가 않다. 이처럼 내 마음 가운데 어두움이 있으면 향상을 못 한다. 그러므로 내 마음을 밝게 만들어서 멋들어지게 살아가야 한다.

이 삶의 시간 속에서 스스로를 돌아보며 진실을 추구하고 스스로를 밝혀나가면, 틀림없이 향상을 할 수가 있다.

목숨은 숨 한 번 사이에 있다

✿

어느 때 부처님께서 제자들에게 물었다.

"너희는 목숨이 어느 사이에 있다고 생각하느냐?"

한 제자가 대답하였다.

"며칠 사이에 있습니다."

"너는 공부를 제대로 하지 못하겠구나."

부처님은 다시 제자들에게 같은 질문을 했다.

"한 끼 밥 먹을 사이에 있습니다."

"너도 공부를 하지 못하겠다."

이번에는 부처님께서 한 제자를 지목하여 물었다.

"사람의 목숨이 어느 사이에 있느냐?"

"예, 호흡呼吸 간間에 있습니다. 숨 한 번 들이쉬고 내쉬는 그 사이에 있습니다."

부처님께서 미소를 지으며 말씀하셨다.

"너는 공부를 잘할 수 있겠구나."

§

생사가 한 호흡 사이에 있다는 것. 이것을 아는 이는 불교 공부를 잘할 수 있다. 공부뿐만이 아니다. 인생을 잘 살 수가 있다.

인생이 무상無常한 줄 알아야 인생을 잘 살 수가 있고, 위없는 큰 깨달음〔無上大道〕를 이룰 수가 있는 것이다.

사실 번뇌망상 속에서 살아가고 있는 우리의 삶은 꿈과 같은 것이다. 전생도 꿈이요 금생도 꿈이며 내생도 꿈이다.

한 생각 일어나면 그것이 곧 꿈

꽃

꿈! 꿈 이야기 하나를 하자.

어느 나라에 유명한 해몽가解夢家가 있었다. 그런데 그 나라의 임금은 꿈을 허망한 것으로 여겼고, 꿈을 풀이해 주고 생계를 유지한다는 것은 사람을 속이는 행위라고 단정을 지었다.

임금은 그 해몽가를 대궐로 불러들인 뒤에, 벌을 주기 위해서 거짓으로 지어낸 꿈을 풀이하도록 시켰다.

"간밤에 꿈을 꾸었는데, 대궐의 기왓장 하나가 비둘기로 변해서 날아갔노라. 이것이 무슨 꿈인가?"

해몽가는 주저 없이 아뢰었다.

"예. 궁궐에서 사람이 한 명 죽을 꿈입니다."

해몽가가 꾸지도 않은 꿈을 거침없이 해석을 하자, 엉터리 수작이라 확신을 한 임금은 해몽가를 즉시 옥에 가두도록 명하였다. 하루 정도를 지낸 뒤에 세상을 미혹하게 하는 요사스러운 자를 처단하여, 다시는 해몽에 현혹되는 일이 없게 하겠다고 작정을 한 것이다.

그런데 한나절이 지났을 때 궁녀들끼리 싸움을 하다가 한 궁녀가 죽고 말았다. 임금은 너무나 이상했다.

'꾸지도 않은 꿈 이야기를 지어내어서 한 것인데, 어떻게 해몽한 대로 사람이 죽는다는 말인가?'

임금이 해몽가를 불러서 마음속의 생각을 털어놓자 해몽가는 답을 하였다.

"사실 꿈은 허망한 것입니다. 그러나 잠을 잘 때 꾸는 것만 꿈이 아닙니다. 눈을 뜨고도 한 생각이 일어나면 그것이 곧 꿈입니다. 저는 임금님의 일어난 한 생각을 풀이한 것입니다."

이 말에 크게 깨달은 임금은 해몽가에게 후한 상을 내려 돌려보냈다.

§

사람들은 밤에 잠을 자다가 특이한 꿈을 꾸면 해몽解夢을 하려고 한다. 왜냐하면 그 꿈이 나에게 좋은 꿈인지 나쁜 꿈인지를 알고 싶기 때문이다.

그런데 밤꿈만 꿈이 아니다. 번뇌망상 속에 빠져서 살아가고 있는 현실도 꿈을 꾸고 있는 것이나 다를 바가 없다. 그래서 그것을 낮꿈이라고 한다.

밤꿈이든 낮꿈이든 꿈은 허망한 것이요, 허망하기 짝이 없는 꿈이라면 해몽을 할 필요가 없다.

꿈의 진짜 모습이 무엇이더냐? 우리의 '한 생각'이다. 우리의 한 생각이 곧 꿈이다. 한 생각 일어났다가 사라지는 것, 그것이 꿈인 것이다.

해몽가의 이야기처럼, 좋은 생각이든 나쁜 생각이든 한 생각 일어나면 그것이 곧 꿈이다.

무엇을 허망된 꿈이라 하고 무엇을 참된 꿈이라 할 것인가? 마음이 어둡지 않으면 모두가 참됨이요, 마음이 밝지 못하면 모두가 허망한 꿈이다. 기쁨도 꿈이요 슬픔도 꿈이다. 즐거움도 괴로움도 모두가 꿈속의 일이다.

기왕 꿈일 바에야 맑고 밝은 마음으로 꾸는 참된 꿈이어야 하고, 나와 남을 함께 살리는 깨어 있는 꿈을 꾸어야 하지 않겠는가?

2. 꿈에서 깨어나려면

부처님의 제자들은 부처님의 올바른 가르침을 믿고 스스로를 닦아가야 한다. 올바른 생각으로 자신을 지키고 진실한 생각으로 마음을 편안하게 하면, 무상한 삶과 헛된 꿈에서 깨어나서 참으로 멋들어지게 살아갈 수가 있다.

그럼 무엇부터 먼저 닦아가야 하는가?

무엇을 실천해야 사바의 꿈에서 깨어날 수 있는가?

그에 대한 이야기 몇 가지를 해 보자.

그 근원을 막아라

❁

예전에 글만 읽던 선비가 논에 나갔더니, 논둑에 구멍이 뚫려서 물이 새어 나오고 있었다. 선비는 흙을 가지고 물이 흘러나오는 쪽을 막았다. 그런데 아무리 바깥쪽을 열심히 막아도 계속 물이 새어 나오는 것이었다. '큰일 났다' 싶었던 선비는 급히 집으로 가서 머슴에게 말하였다.

"일꾼 몇 명을 구해서 터진 논둑을 막으러 가자."

'아침나절에 본 논둑이 완전히 무너졌을 까닭이 없다'고 생각한 머슴은 '논에부터 다시 가보자'고 하였고, 가서 보니 물이 겨우 졸졸 새는 것을 가지고 야단을 한 것이었다.

"도대체 어떻게 막았습니까?"

"논둑 바깥쪽을 막았는데, 아무리 막고 또 막아도 새어 나오더구나."

머슴이 흙 한 삽을 떠서 안쪽으로 막자 새던 물이 금방 멈추었다. 머슴은 신기해하는 선비에게 청하였다.

"지금 이 상황을 한 글귀로 지어 보십시오."

"방기원防其源."

방기원은 '그 근원을 막아라'는 뜻이다.

우리의 삶을 가장 불행하게 만드는 것은 근심걱정이다. 그럼 근심걱정이 일어나면 어떻게 해야 하는가? 그 근원을 막아야 한다.

과연 근심걱정이란 무엇인가? 나의 근본 마음이 아닌 번뇌망상이다. 이기심과 불안감에서 비롯된 망상인 것이다.

그러므로 근심걱정이 일어나면 '아, 망상이 일어났구나!' 하고 깨달아서 곧바로 그 생각들을 잘라 버려야 한다. '번뇌야, 왜 일어나서 나를 괴롭히느냐?'고 하면서 그 번뇌를 벗어버려야 한다. 그리고 지금의 현실에 대해 진실되고 바른 생각으로 임해야 한다.

반대로 근심걱정을 방치해서 계속 끌려다니고, 번뇌망상을 따라다니며 살게 되면, 마음의 평안은 고사하고 불안과 불행한 삶이 눈 앞에 펼쳐지고 마는 것이다.

그러므로 잘 살려면 무엇보다 먼저 근원을 막을 줄 알아야 한다.

내가 어떻게 키웠는데

❀

내가 아는 마산의 하처사는 아들 넷을 두었는데, 일제강점기에 모두 일본에 있는 대학에 보냈다.

아들 넷의 등록금과 생활비가 어찌 적었겠느냐? 그렇지만 돈이 부족할 때도, 다음 달 하숙비만은 그 전달 25일에는 찾을 수 있도록 보내는 등, 지극정성으로 뒷바라지를 하였다. 그런데 졸업을 하고 나자 어느 아들도 그를 모시려고 하지 않았다.

'내가 어떻게 키웠는데 이놈들이!'

아들들이 너무도 괘씸하였던 하처사의 속에서는 열불이 치솟았다. 도저히 용서가 되지 않았다. 그러다가 하처사는 화병으로 몸져눕게 되었다. 아들들을 계속 원망하면서….

그러던 어느 날, 하처사는 처마 밑에 집을 짓고 새끼를 치는 제비들을 보게 되었다.

어미 제비는 새끼들이 어느 정도 자랄 때까지 부지런히 먹을 것을 물어다가 날랐고, 새끼들도 열심히 받아먹었다. 그런데 새끼들이 자라서 스스로 날 수 있게 되자, 어미는 조금도 지체하지 않고 새끼들을 떠나보내는 것이었다.

"아, 제비도 저렇게 새끼들을 떠나보내는데, 만물의 영장인 인간의 몸을 받아서 태어난 내가 자식들에게 집착하여 끙끙대고 있다니…. 할 도리를 다했으면 그만! 집착을 내려놓자."

그리고는 가슴에 맺혔던 것을 훨훨 풀어버렸다. 그러자 깊던 병도 곧 낫게 되었다.

◇

고양이를 키워 본 사람도 이러한 무집착을 경험했을 것이다.

어미 고양이가 새끼 고양이를 키울 때는 젖도 부지런히 주고, 조금 자라면 밤잠 안 자고 말랑말랑한 새끼 쥐 등을 잡아다가 먹인다. 또 조그만 새끼들을 깊숙한 데 숨겨 놓고, 낯선 사람이 어른거리면 바싹 경계하다가 새끼와 함께 피하고 달아난다.

그러다가 새끼 고양이가 커서 혼자 다닐 때쯤 되면 어미 고양이는 새끼 고양이에게 애정을 주지 않는다. 새끼 고양이가 옆에 가기만 하여도 '앵'하고 쫓으면서 정을 끊는 것이다. 우리도 제비나 고양이의 정 끊는 것을 배워야 한다.

가족이라 하여 사람에 대한 애착을 자꾸 키우게 되면 서로 괴롭게 매여서 살다가, 죽어서도 남편은 아내를 찾아다니고 아내는 남편을 찾아다닌다. 또 자식에 대한 집착을 놓지 못하면 죽어서도 자식 곁을 떠나지 못하게 되고 만다.

그렇게 갈 곳을 못 가고 가족 곁에 머물게 되면 무엇이 되는가? 바로 귀신이 되고 마는 것이다.

물질이나 일에 대한 집착도 마찬가지다. 죽어서까지 그 물질이나 일을 놓아버리지 못한다.

사람들이 근심걱정을 하고, 머리 아프고 가슴 답답해하는 까닭! 그것은 사람 아니면 물질에 대한 집착을 놓지 못하기 때문이다. 오직 사람 아니면 물질, 물질 아니면 사람, 이 두 가지 때문에 밤낮없이 걱정을 한다.

그러므로 근심걱정 없이 편안하게 살고자 하면 사람과 물질, 이 두 가지에 대한 집착을 놓아버려야 한다.

죽어서도 찾는 물질과 일

❀

내가 아는 이들 중에 김대월이라는 사람이 있었다. 그는 나이가 많고 공부를 많이 한 유학자가 세상을 떠나자, 그의 갓과 두루마기를 가져다가 사용하게 되었다. 그런데 그 유학자가 죽은 지 몇 년이나 지났을 때 김대월의 꿈에 나타났다.

"네가 이전에 가져간 나의 갓과 두루마기를 내어놓아라."

"어르신, 당신께서는 몇 년 전에 돌아가셨고 화장까지 했는데, 지금 그 갓과 두루마기를 달라고 하니 어디에 쓰려고 그럽니까?"

"뭐라고? 내가 죽었다고?"

"예, 3년 전에 돌아가시지 않았습니까?"

그러자 그 유학자가 허둥지둥 정신없이 떠나가는 것이었다.

김대월은 그 꿈을 꾼 다음부터 머리가 계속 아파졌고, '안되겠다' 싶어서 갓과 두루마기를 불에 태워버렸더니 한순간에 머리가 나았다고 한다.

❀

어느 목수도 그러했다. 그는 죽어서도 '할 일이 없는가' 하면서 일거리를 찾아다녔다. 그렇지만 귀신이 할 수 있는 일거리가 어디에 있겠는가. 그래서 아내의 꿈에 나타나서 한숨을 내쉬며 하소연을 하더란다.

"여보, 내가 일을 해야 하는데, 아무리 찾아다녀도 일거리가 없소. 어떡해야 하지?"

❦

이처럼 사람과 물질과 일에 대한 애착과 집착은 무서운 것이다.

사람, 그리고 물질이나 일에 강한 집착이 붙으면, 죽어서 갈 데를 못 가고 이곳저곳을 떠돌면서 주위 사람들까지 괴롭히게 된다.

베푼 다음에는 '내가 누구에게 무엇을 주었다'는 생각을 모두 놓아버리는 무주상보시無住相布施의 정신을 갖추고 살아야 한다.

아무리 사랑스러운 자식이라도 때가 되면 놓을 줄 알아야 하고, 평생을 번 재산이나 애지중지하던 물건들, 일생 동안 종사해 온 일이라 할지라도 마지막까지 집착을 해서는 아니 된다. 때가 되면 기꺼이 내려놓아야 한다.

버린 어머니를 찾은 통도사 스님

✿

조선 정조正祖 대왕 때의 일이다.

어떤 여인이 서너 살 된 아이를 데리고 살았는데 심한 흉년이 들었다. 먹을 것이 없으니 어린애는 매일 배고프다고 울고, 먹을 것이 없으니 우는 아이를 무엇으로도 달랠 길이 없다.

사랑하는 자식이지만, 잘못하다가는 아이도 죽이겠고 자기도 죽을 지경이어서, 어쩔 수 없이 통도사 앞에다가 아이를 버리고 갔다.

스님네들은 아이를 발견하여 절에서 키우고 잘 가르쳤다. 그리고 장성해서 훌륭한 스님이 되었다.

그렇게 아이를 살리기 위해서 아이를 버린 어머니는 죽지 않고 흉년을 잘 넘겼고, 그 뒤로 절 근처의 마을에서 살았다.

아들은 이 사실을 알고 있었지만 어머니를 찾지 않았다. '흉년을 당해서 당신 혼자서만 살기 위해서 자식을 버리고 떠난 비정한 엄마'라 생각하였고, 그녀를 '어떻게 어머니라고 할 수 있나' 여겼기에 찾아보지 않은 것이다.

그 스님은 점차 덕이 높아져서 훌륭한 종사宗師로 이름을

날렸다. 또 구수하게 설법을 잘하였다. 그러자 궁중의 나인內
人들이 찾아와서 법문도 듣고 하다가, 저간의 사정을 알게 되
어 정조에게까지 그 얘기가 알려졌다.

정조는 그에 대한 글을 지어 그 스님께 보냈다.

世<small>세</small>上<small>상</small>元<small>원</small>無<small>무</small>不<small>불</small>是<small>시</small>親<small>친</small>　세상 어디엔들 부모님 정 같은 것이 있으며

誰<small>수</small>知<small>지</small>其<small>기</small>母<small>모</small>棄<small>기</small>中<small>중</small>仁<small>인</small>　버린 어미 속에 있는 그 사랑을 누가 알랴

荒<small>황</small>年<small>년</small>不<small>불</small>忍<small>인</small>同<small>동</small>溝<small>구</small>壑<small>학</small>　흉년에 한 구덩이에 들어감을 차마 못 하여

故<small>고</small>置<small>치</small>慈<small>자</small>悲<small>비</small>釋<small>석</small>氏<small>씨</small>門<small>문</small>　짐짓 자비로운 부처님 품 안으로 보냈으니

그 스님이 이 글을 보고 다시 어머님을 찾아뵈었다 한다.

❧

이해와 용서.

이것 또한 사바의 괴로움을 넘어서는 소중한 방법이다.

암소 잡은 요량 하소

❀

옛날 경주에 정만서鄭萬瑞라는 이가 살았다. 어느 때 한양으로 가던 도중에 노자가 모두 떨어지고 말았다. 돈이 없어 한 이틀을 굶게 되자, 눈이 쑥 들어갔고 걸을 힘조차 없어졌다.

선비의 체면도 팽개치고 주막으로 들어간 정만서는 소의 불알을 삶아서 달아놓은 것을 보고 '썰어달라' 하여 술과 함께 배불리 먹었다. 그런데 돈이 없었던 정만서에게는 그다음이 문제였다.

술과 음식을 먹으러 오는 손님들로 자리가 차기 시작하였지만, 값을 치를 수 없었던 정만서는 자리를 뜰 수가 없었다. 마침내 참다못한 주모가 소리쳤다.

"여보시오, 이제 그만 회계를 대고 다른 손님들에게 자리를 양보하시오."

"주모, 사실은 나에게 돈이 없소."

"무어라? 돈도 없이 술과 안주를 먹었단 말이오? 어림없소. 빨리 회계를 대시오."

주모가 사납게 다그치자 정만서는 말하였다.

"주모, 암소 잡은 요량 하소. 암소 잡은 요량…."

본래 불알이 없는 암소를 잡은 셈 치고 돈을 받지 말라는 것이었다. 그렇다고 포기를 할 주모인가? 실랑이가 길어지자 뒷방에 있던 주모의 남편이 뛰쳐나왔다.

"소의 불알을 먹고는 암소 잡은 요량 하라니? 세상에! 술장사 30년에 저런 놈은 처음일세."

남편이 눈알을 부라리면서 소리치는데, 정만서는 오히려 인사를 나누자면서 자기소개를 한다. 남편이 들으니, 익히 들어 알고 있던 천하의 잡놈 '정만서'라고 하는 것이 아닌가. 술값을 받을 상대가 아니라는 것을 알고 있었던 남편은 도리어 청을 했다.

"고깃값 대신에 소리나 한번 해 보시오."

정만서는 노래를 부르고 춤을 추고 온갖 장기를 다 펼쳤다. 그러자 길을 가던 사람들이 모여들었다. 자연 그 주막에 있던 술과 안주들은 모두 동이 나서, 주막을 연 이래 최고의 매상을 올렸다고 한다.

❧

우리도 사람과 물질에 걸려서 번뇌망상과 근심걱정 때문에 가슴이 답답하고 머리가 아프면 정만서의 '암소 잡은 요량'을 할 줄 알아야 한다. 애초 불알이 없는 암소를 잡은 요량을 하면, 한 생각 막혔던 것이 풀리고 꿈에서 깨어날 수가 있다.

곧 한 생각 애착을 비우고 생생한 산 정신으로 일하면 '절후絶後에 갱생更生이라', 끊어진 곳에서 다시 사는 수가 있으니, 걱정하지 말고 사바세계를 무대로 삼아 연극 한바탕 멋지게 하기 바란다.

그까짓 근심 걱정은 냄새나고 죽은 생각이다. 허망한 꿈에서 깨어나 산 정신으로 살아가기 바란다.

곰 손 넘기기

✿

어떤 사람이 산에 갔다가 큰 곰을 만났다. 큰 곰이 잡아먹 겠다며 덤벼들자, 급한 김에 그 사람은 큰 나무 뒤로 숨었다.

사람을 잡으려면 사람의 뒤를 따라가야 할 텐데, 미련한 곰 은 손(앞다리)을 들어서 나무를 껴안은 채 그 사람을 잡으려 하였고, 그 사람은 순간적으로 곰의 손을 꽉 움켜잡았다.

곰은 사람을 물려고 해도 그 사이에 나무가 있어서 물지를 못하였다. 또 움직여보려고 하여도 사람에게 두 손이 꽉 잡혀 있어서 꼼짝할 수가 없었다.

사람도 마찬가지였다. 곰의 손에서 나는 누린 냄새가 코를 찔렀지만, 곰 손을 놓으면 죽을 터이니, 그것을 생명선이라 여 기면서 온 힘을 다해 꼭 쥐고 있었다.

필사적으로 곰 손을 거머쥐고 있기를 사흘, 어떤 나무꾼이 큰 도끼를 메고 가까이로 오고 있었다. '잘 되었다' 싶었는데, 누가 손을 잡고 있는 것을 본 나무꾼은 생각하였다.

'아이고, 여기 있다가는 영락없이 저 곰한테 잡혀서 죽겠구 나. 얼른 피하자.'

나무꾼이 발걸음을 돌려서 달아나려고 하자, 곰을 잡고 있던 사람이 황급히 소리쳤다.

"여보게, 그 도끼로 이 곰을 잡자! 이 곰의 쓸개는 금보다 더 비싸다네. 그뿐인가? 곰의 껍질이나 고기도 큰돈이 될 수 있네. 우리 힘을 합쳐서 이 곰을 잡자!"

그 말에 귀가 솔깃해진 나무꾼이 도끼를 들고 다가가자, 그 사람이 다시 말하였다.

"여보게, 자네 곰을 잡아보았는가?"

"아니요."

"나는 곰을 많이 잡아봤다네. 도끼로 급소를 때려 한 방에 잡아야지, 만약 잘못 때리게 되면 자네도 죽고 나도 죽네. 이 곰 손을 좀 쥐고 있게나."

곰을 많이 잡아봤다는 소리에 나무꾼은 곰의 손을 넘겨받아 꽉 거머쥐었고, 사흘씩이나 굶고 곰에게 시달렸던 그 사람은 날아갈 듯하였다. '살았다' 하면서 안도의 숨을 내쉬고는, 여러 대의 담배를 연거푸 피웠다.

그것을 보고 불안해진 나무꾼이 재촉을 하자 그 사람은 말하였다.

"여보게, 내가 실은 곰을 잡아보지 못했다네. 내가 섣불리 곰을 치다가는 자네도 죽고 나도 죽네. 그러니 누가 오거든 나처럼 곰의 손을 잡게 하고 떠나가게나."

그리고 그 사람은 유유히 사라졌다.

§

사람들이 이 세상에 태어날 때 어떠했느냐? 아무 걱정이 없었다. 그런데 학교 가고 취직하고 시집 장가 가고 경쟁사회에 몸을 담고부터는, 마치 저 곰의 손을 거머쥔 듯이 가슴 답답하고 머리 아프게 살아간다.

그렇게 사니 어떻겠는가? 자연히 성격이 급해지고 엉뚱한 고집을 부리게 되고 신경질을 내는 횟수가 많아진다.

그렇다고 문제가 해결되는 것은 아니다. 곰의 다리를 놓지 못하듯이, 꼼짝 못 하고 그 상태로 있으면서 오만가지 근심걱정을 하면서 산다.

이때가 중요하다. 오히려 느긋한 마음으로, 당기면 늘어지고 놓으면 오므라드는 신축성을 가지고, 모든 일을 대하면서 다른 사람들과 하는 일과 다가오는 인연들을 포용하면서 살아가야 한다.

신축성과 포용력을 갖고 사람과 일과 인연들을 잘 다스리면서 살아가면, 근심걱정이 사라지고 다가왔던 나쁜 일들은 저절로 잦아든다.

모든 일이 순조롭게 잘 되는 것도 '내가 어떻게 생각하느냐,

어떤 마음가짐을 갖느냐〔用心〕에 달려 있고, 일이 잘 안되는 것도 '내가 어떤 생각 속에 빠져 있느냐'에 달려 있다.

만약에 나쁜 생각이 떠올라서 그 나쁜 생각이 하자는 대로 말하고 행동을 하게 되면, 출발점부터가 어긋나버렸기 때문에 헛된 노력만 하게 되고, 끝내는 그 생각으로 인해 스스로를 해치게 되는 것이다.

그러므로 신축성과 포용력 있는 한 생각으로 사람과 일과 인연들을 잘 다스리면서 살아가야 한다.

나는 늘 사람들에게 '사람과 물질, 이 두 가지를 초월해서, 사바세계를 무대로 삼아 멋들어지게 연극을 잘하고, 늘 쾌활하고 명랑하고 낙관적인 기분으로 살라'고 일러주고 있다.

사람에 대한 애착과 물질에 대한 집착을 놓아버리면 놓아버리는 만큼 무가애無罣碍라, 걸림 없이 잘 살 수 있게 된다. 일찍 놓아버릴수록 마음에 걸림이 없어지게 되고, 마음에 걸림이 없으면 무유공포無有恐怖, 곧 두려움이 없어져서 자유롭고 평화롭게 살 수 있게 되는 것이니, 사람과 물질을 초월하여 한 번 멋들어지게 살아보아라.

白髮爾誤人間幾   백발이오인간기

更上江南綠次頭   갱상강남록차두

백발아 너는 인간을 몇이나 그르치고

다시 강남의 초록머리에 올라가느냐

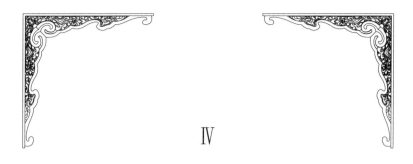

IV

정성과 원성취

경봉스님께서 사용하시던 염주

1. 정성 없는 성취는 없다

인생살이에서 크게 성공하고 행복해지려면 잊지 말아야 할 것이 있다. 바로 정신을 잘 집중하고 정성을 쏟고, 피땀을 흘려야 한다는 것이다.

그냥 되는대로 살면 성공도 행복도 나의 것이 되지 못한다. 크게 성공을 하고 늘 행복한 사람이 되고자 한다면 살아있는 정신으로 살아가야 한다. 늘 정성을 쏟으면서 스스로를 단련하고 또 단련해야 하는 것이다.

광산에서 금광석을 캐면 그 속에는 금만 있는 것이 아니다. 은도 있고 동도 있고 철도 있고 아연도 있다. 그러므로 그 돌을 제련하고 또 제련하여 잡된 광석들을 모두 빼버려야 24K의 금金이 되고, 24금이 되어야 세계에 통용되는 보배가 되는 것이다.

우리의 마음에도 금 성분만 있는 것이 아니다. 금광석 속의 다른 광물처럼, 탐·진·치 삼독에서 비롯된 팔만 사천 가지 번뇌망상이 가득하다. 금은 조금인데, 잡된 광물들이 잔뜩 붙어 있듯이, 무수한 번뇌망상들이 우리의 성공을 막고 행복을 가로막는다.

그런데 금광석을 제련하여 잡철 등의 하찮은 광물들이 쑥 빠져나가게 되면 24금을 얻어 활용할 수 있듯이, 마음속에 잔뜩 끼인 번뇌망상들이 쑥 빠져나가면 크게 성공을 할 수 있고 남을 지도할 수 있는 사람이 될 수가 있다.

그럼 이기심과 번뇌망상을 비우고 24금을 만드는 핵심은 무엇인가?

지극한 마음으로 정성을 다하는 것이다. 이에 대한 이야기를 해보자.

정성으로 낳은 박문수

❀

누구나가 잘 알고 있는 조선시대의 대표적인 암행어사 박문
수朴文秀(1691~1756)의 집안은 대대로 높은 벼슬을 한 이름있
는 가문이었다. 그러나 박문수의 부모는 늦도록 자식을 두지
못해 애를 태우고 있었다. 하루는 부부가 머리를 맞대고 상의
를 했다.

"우리가 자식을 보지 못하는 것은 아무래도 전생에 닦은 복
이 없어서인 듯합니다. 오늘부터 정성을 다해서 복을 지읍시
다. 틀림없이 좋은 결과가 있을 것이오."

부부는 세상에서 가장 크게 복을 짓는 일이 '삼보에 대한 공
양'이라 생각하고, 닷새에 한 번씩 돌아오는 장날마다 시장에
나타나는 스님 한 분을 모셔 와서 대접을 하기로 정하였다.

그리고 오직 '자식 하나를 얻겠다'는 일념으로 5일에 한 번
씩 장에 온 스님을 모셔 와서 성심성의껏 공양을 올렸다.

그렇게 하기를 만 3년이 되던 날, 하인이 늘 하던 대로 스님
을 청하기 위해 시장으로 나갔는데, 그날따라 스님이 전혀 보
이지가 않았다. 마음을 졸이면서 날이 저물도록 기다리자, 얼

굴이 부어터지고 손과 발에서 고름과 피가 흐르는, 그야말로 문둥병에 걸린 스님이 나타났다.

데리고 갈까 말까 망설이다가 모시고 가서, 대문 밖에 기다리게 하고 주인에게 사정을 아뢰었다. 그런데 주인이 흔쾌히 명하는 것이었다.

"빨리 스님을 사랑채로 모셔 오너라."

스님이 사랑채에 들어가는데 피고름이 발에서 흘러내려 마루와 방바닥을 더럽혀 놓았다. 그러나 그들 부부는 조금도 불쾌하게 여기지 않고 기꺼이 상을 차려서 음식을 들게 하였다.

음식을 먹을 때도 스님의 피고름이 수저에 묻고 음식에 흘러내렸지만, 그들 부부는 조금도 싫어하는 마음을 갖지 않았다.

문둥이 스님이 공양을 마치고 일어나자 주인은 대문 밖까지 배웅하면서 말하였다.

"다른 곳에 가셔서는 우리 집 사랑에서 공양을 대접받았다는 이야기를 하지 마십시오."

"당신도 다른 곳에 가서 문수보살을 친견하고 공양을 올렸다는 말을 하지 마시오."

문둥이 스님은 이 말을 남기고 홀연히 사라졌다. 그리고 바로 부인이 아기를 잉태해서 아들을 낳았는데, 문수보살文殊菩薩을 친견하고 낳은 아이라고 하여 '문수'라고 이름 지었다.

그러나 성인의 이름을 그대로 쓸 수가 없어서, 뒷글자를 '빼어날 수秀' 자로 정하였다고 한다.

⚬

박문수 부모의 지극하고 한결같은 마음, 정성을 다하는 마음이 훌륭한 아들의 점지로 이어진 것이다.

누구나 원성취를 바라고 진정한 행복을 바란다면 꾸준히 정성을 다하며 살아야 한다. '하기 싫다, 그만둘까' 하는 생각이 일어나더라도 그 생각들을 버리고 정성을 계속 이어가야 한다.

성공과 성취에 있어서 이 한결같은 정성보다 더 특별한 방법은 없다.

모름지기 마음을 꾸준히 모아서 정성껏 하면, 24금을 이루어 원하는 바가 우리에게로 다가오는 것이다.

굴레 륵勒 한 글자를 삼 일 배운 아이

✿

영조 임금으로부터 암행어사의 직책을 수행하라는 명을 받은 박문수는 헌 옷에 다 떨어진 갓을 쓰고, 어느 고을에 억울한 일이 있는지를 알아내기 위해서 전국 방방곡곡을 찾아다녔다.

하루는 양반집 사랑방에서 하룻밤을 묵다가 천자문千字文을 가르치는 것을 보게 되었다. 그런데 배우는 아이하고 가르치는 선생이 초저녁부터 밤중까지 '굴'이라는 발음만을 번갈아 가면서 계속하니, 온통 '굴굴굴…'하는 소리만 들리는 것이었다.

박 어사는 잠 자기 직전에 그 선생한테 물었다.

"천자문에는 '굴' 자가 없는 줄로 아는데, 어디서 나온 글자길래 밤중까지 굴굴굴하고 있습니까?"

"저 아이가 '굴레 륵勒' 자를 배우는데, 하도 재주가 없어서 '굴레 륵'을 한꺼번에 못 익힙니다. 그래서 하루에 한 음씩 외워, '굴레 륵' 한 글자를 사흘 동안 배웁니다."

그 말을 듣고 박 어사는 생각을 했다.

116

'참으로 재주 없는 아이로구나.'

세월이 흐르고 또 흐른 뒤에 나라가 태평한 시절이 되었을 때, 영조 임금은 동지섣달 긴긴밤에 신하들을 불러들여서 재미있는 이야기를 하도록 했다. 그런데 그런 이야기도 며칠간이지, 허구한 날 매일같이 하다 보니 이야깃거리가 없어지고 말았다.

그래서 신하들이 궁여지책으로 임금님께 아뢰었다.

"암행어사를 지낸 박문수는 팔도강산으로 돌아다니면서 들은 것도 많고 본 것도 많아서, 재미있는 이야기를 잘할 것입니다."

그래서 박 어사를 불러들였다.

박문수는 재미있는 여러 가지 이야기를 하다가, "참으로 재주 없는 아이가 있어 천자문의 '굴레 륵' 자 한 자를 사흘 배우며 '굴굴굴' 하던 이야기"를 하였다. 그러자 모두들 웃음을 참지 못하였다. 그런데 한 신하가 자리에서 일어나더니 아뢰었다.

"그때 '굴레 륵' 한 글자를 사흘씩이나 배우던 아이가 바로 소신입니다."

"아!"

박문수는 비로소 '참으로 재주 없는 아이'를 바꾸어 놓은 스승과 아이의 정성을 다한 노력에 크게 감복을 하였다.

⚱

아무리 글재주가 없는 둔한 사람이라도 정성을 다하고 열심히 노력만 하면 크게 성취할 수 있음을 일깨워 주는 이 이야기처럼, 무슨 일이든 지극하게 힘을 들이면 반드시 좋은 결과를 성취할 수 있게 되는 것이다.

비록 재주가 없고 둔한 사람이라도 꾸준히 공功을 들이면 마침내 영대靈臺가 밝아져서 길이 열리고 뜻을 이루게 된다.

무슨 일을 하든지 정성으로 임하고 정성을 다하면, 반드시 특별한 능력이 생기고 성공을 하게 되는 것이다.

나무와 대화하는 정원사

✿

나무를 가꾸며 평생을 보낸 정원사 노인이 있었다. 일생을 나무에 정성을 쏟으면서 살다 보니, 어느덧 노인은 나무들과 이야기를 나눌 수 있는 경지에 이르게 되었다.

"할아버지, 목말라요. 물 좀 줘요."

"오냐. 그러마."

"배고파요. 거름 주세요."

"잔가지 좀 쳐줘요. 답답하고 숨이 막혀요."

"오냐. 그러마."

이렇게 노인과 나무들은 대화를 나누면서 언제나 즐겁고 편안하게 지냈다.

그런데 어느 날, 가까이에 있는 농업학교에서 노인에게 나무 기르는 기술과 경험담을 강의해 달라고 하였다. 강의에 응한 정원사 노인은 수많은 학생들이 모인 강당에서 분필을 잡은 채 한참 동안을 그냥 서 있었다.

'무슨 말씀을 하시려나?'

학생들 모두가 잔뜩 귀를 기울이고 있는데, 갑자기 노인이 분필을 내려놓으면서 말을 했다.

"못 하겠습니다. 나무의 일은 나무가 말을 해야 하는데 나무는 말을 못 하고, 나무가 아닌 내가 나무의 말을 대신하려고 하니까 말이 안 나옵니다. 못 하겠습니다."

그리고 단상에서 내려오자, 학생들이 우레와 같은 박수를 보내었다.

§

강의를 못 하겠다며 내려오는 할아버지에게 무엇 때문에 학생들이 우레와 같은 박수를 친 것인가? 정성을 다하여 나무와 하나가 되어서, 나무와 진짜 대화를 나누는 할아버지의 진심과 신통력을 느꼈기 때문이다.

2. 정신만 차리면

살다가 아주 큰 어려움이 닥치거나 실패를 하게 되더라도 정신줄을 놓으면 안 된다. '나는 이제 끝이다. 더 이상 어떻게 해 볼 수가 없다'고 하면서 주저앉지 말아야 한다.

한 생각 바꾸어 생생한 산 정신으로 임하면 '절후絕後에 갱생更生이라', 길이 끊어진 곳에서 다시 사는 수가 있다.

근심걱정을 하고 '죽겠다'고 하는 그 마음으로 다시 정성을 기울이면 반드시 극락과 같은 삶을 만들어 낼 수가 있으니, 마음을 잘 모아서 이 사바세계를 무대로 삼아 연극 한바탕 멋지게 하기 바란다.

홍수 때 강아지를 업고 온 사람

❀

1950년대 중반에 나는 경상남도 밀양의 무봉사 주지로 있었다. 그때 홍수로 밀양 남천의 강물이 불어나서 다리가 떠내려갈 지경에 이르렀다. 특히 강 건너 마을인 삼문동에 사는 사람들은 범람 직전까지 갔다.

"다리가 떠내려가기 전에 읍내로 들어가자."

그래서 중요한 것들과 아이를 업고 나왔는데, 한 사람은 워낙 급해 가지고 아이를 업고 온다는 것이 강아지를 업고 건너왔다. 강을 건너와서 보니 강아지여서 혼비백산을 했다고 한다.

⚬

아무리 어려운 일에 봉착할지라도 정신만 차리면 문제가 해결된다. 그런데 죽은 정신으로 급하게 서두르니 무엇이 제대로 되겠는가?

평소에 정신을 못 차리고 죽은 정신으로 살다 보니, 강아지인지 어린애인지도 분간하지 못한 채 업고 나온 허물을 범하게 된 것이다.

죽기 전에 그때를 생각하여라

❀

경상남도 양산에 있는 영산대학교의 이사장을 지낸 박용숙 (1920~2020) 보살은 이북 출신으로, 6·25 때 죽을 고비를 넘기면서 남쪽으로 내려왔다. 그 뒤 온갖 고생을 다해서 사업을 크게 이루었는데, 부도를 맞아 망하게 되자 살고 싶은 생각이 사라져 버렸다.

몸과 마음이 모두 허해진 그녀는 자살을 하겠다고 부산 태종대의 자살바위로 가서 뛰어내리려는 순간 내 생각이 났다고 한다.

"경봉스님은 도인이시니, 도인스님께 한 말씀 들은 다음 죽어야겠다."

그래서 통도사 극락암으로 나를 찾아와서 자초지종을 이야기했다. 그때 나는 물었다.

"남쪽으로 피난을 올 때의 상황은 어떠했느냐?"

"옆 사람이 포탄을 맞아 죽는 것도 보았고, 굶주린 배를 움켜잡고 시체를 수도 없이 넘으며 왔습니다."

"그때를 생각하여라."

대화를 나눈 박용숙 보살은 죽겠다는 생각을 버리고 열심히 노력해서 사업을 다시 일으켜 세웠고, 이후 영산대학교까지 설립하게 되었다.

정신만 차리면 돼

부산에서 큰 사업을 했던 처사가 부도가 나서 침식을 전폐하고 누워있었는데, 아내의 극진한 보살핌 덕분에 한 달 정도가 지나자 거동을 할 수 있게 되었다. 아내는 그때 처사에게 말했다.

"매월 첫 번째 일요일에는 경봉스님께서 법문을 하시는데 오늘이 그날입니다. 바람도 쐴 겸 극락암으로 법문이나 들으러 갑시다."

법회가 끝나자 아내는 또 권하였다.

"이왕 온 김에 큰스님을 친견하고 갑시다."

이렇게 하여 나를 만나게 되었다.

"어디서 산 송장 하나가 왔노? 오장육부에 열이 꽉 차 있구나!"

처사는 사연을 이야기하였고, 나는 호되게 일러주었다.

"그동안 돈 좀 모아서 잘 살다가 재산 좀 잃었다고 화병이 들어? 아직 어진 마누라가 건강하게 있고 집도 있는데, 부도가 나서 재산 좀 날렸다고 산 송장이 되어서야 어디에 쓰겠느냐?

6·25사변 터지고 숟가락 젓가락 하나 없이 빈 몸으로 내려왔는데도 자수성가를 해서 그동안 잘 살지 않았느냐? 다시 정신을 차려서 일어나거라.

정신만 차리면 돼!"

나의 말을 들은 처사는 정신을 차리고 집으로 돌아갔다. 그리고 아무 일도 없었다는 듯이 밥도 잘 먹고 잠도 잘 자면서 열심히 일을 하자, 얼마 지나지 않아 사업을 만회하였다.

§

낙엽을 보라. 낙엽이 땅에 떨어져 있으면 사람도 밟고 개도 밟고 지나간다. 가치라고는 조금도 없지만, 그 낙엽도 비바람을 타고 벽공을 활기롭게 날 때가 있다.

낙엽도 벽공을 풀풀 날면서 한껏 멋을 내는데, 만물 중에 가장 슬기로운 사람이 실패했다고 해서 근심 걱정에 잠겨 있대서야 되겠느냐? 다시 정신을 가다듬고 힘을 내어야 한다.

서산대사가 사명대사에게 준 가르침

❀

임진왜란 때 서산대사西山大師는 승려들을 소집하여 나라를 구하게 하였고, 나이가 80인데도 직접 전쟁터로 나가서 왜적이 점령한 평양을 탈환하는 데 힘을 보태었다. 그리고 상좌인 사명대사泗冥大師에게 명하여 선조 임금을 보필하게 하였다.

서울을 버리고 의주義州로 파천한 선조 임금은 조정의 중신들을 불러놓고 국가의 난국을 타개할 수 있는 의견을 자주 물었는데, 그때 한음漢陰 이덕형과 오성鰲城 이항복과 서애西厓 류성룡 등의 명재상들 말보다 사명대사의 의견을 더 신임하였다. 그래서 선조대왕이 말하였다.

"고기 먹고 술 먹는 신하들의 입에서 나온 말보다, 산중에서 나물이나 죽순을 먹은 입에서 나온 말이 훨씬 깨끗하고 특수하다."

서산대사가 젊은 사명을 교육시키고 길러낼 때 준 글이 있다.

一隻沙門眼   외짝 사문沙門의 눈이여
光明照八垓   광명이 팔방으로 빛난다

탁 여 왕 병 검 卓如王秉劍	늠름하기는 칼을 쥔 왕과 같이 하고
허 약 명 경 대 虛若明鏡臺	마음을 비우기를 밝은 거울 같이 하여
운 외 나 용 거 雲外拏龍去	구름 밖의 용을 낚아채고
공 중 타 봉 래 空中打鳳來	허공 중의 봉황을 두들겨 잡아라
통 방 능 살 활 通方能殺活	어디서든지 살리고 죽임이 자재하면
천 지 역 진 애 天地亦塵埃	하늘과 땅 또한 한낱 티끌이니라

'늠름하기는 임금이 칼을 잡고 있는 것과 같이 하라.'

이 구절은, 백성의 생명을 맡아 가지고 있는 임금은 그냥 가만히 있어도 위풍이 늠름한데, 칼까지 잡고 나서면 아무도 감히 말을 할 수 없는 위엄이 서린다는 말이다.

'마음을 비우기를 밝은 거울을 걸어 놓은 것과 같이 하라.'

이 구절은 무엇을 말하고 있는가? 거울 자체는 밝은 것이지만, 거울에 때가 끼어 있으면 무엇을 비추어도 다 나타나지 않는다. 우리의 마음자리도 본래 맑고 밝은 것이지만, 근본무명根本無明인 탐진치貪瞋痴 때문에 말과 행동이 컴컴해져서 밝은 거울에 때가 낀 것처럼 된다는 것을 깨우쳐 주고 있다.

그다음 구절은, 구름 밖으로 용이 날아가더라도 용기를 내어서 용의 목을 움켜잡을 수 있어야 하고, 허공에서 날갯짓 한 번에 몇만 리를 날아가는 봉새에게 한 방망이 먹일 수 있

128

는 정신을 가져야 한다는 것이다.

"정신을 차리고 살아라. 내 정신이 살아 있어야 남의 정신도 살리게 할 수 있다."는 가르침이, 서산대사가 사명대사에게 준 이 시에 잘 나타나 있다.

우리나라 제일 보배

❀

사명대사 일화 하나를 살펴보자.

임진왜란 때 왜적들이 금강산 유점사楡岾寺로 가서 스님들을 묶어 놓고 때리면서 행패를 부렸다. 그때 적장 가등청정加藤淸正이 승복을 입은 사명대사한테 물었다.

"너희 나라의 제일가는 보배는 무엇이냐?"

"우리나라 제일 보배는 일본에 있다."

"너희 나라 보배가 일본에 있을 턱이 있느냐?"

"너의 머리가 우리나라 제일 보배이다."

"내 머리가 어째서 너희 나라 제일 보배냐?"

"너의 머리만 베어 오면 천금千金의 돈과 만호후萬戶侯의 벼슬을 준다고 했으니, 너의 머리가 제일 보배가 아니고 무엇이겠느냐!"

창과 검을 쥐고 삼엄森嚴하게 에워싸고 있고, 쏘기만 하면 사람이 죽는 조총鳥銃을 지닌 왜적들. 그 왜적들 앞에서 사명대사는 총사령관인 가등청정에게 거침없이 말을 하였다. 이에 격분을 한 부하 장수들이 사명대사를 죽이려고 하자, 당당한

대사에게 깊은 존경심이 생겨난 가등청정은 말렸다.

"절대 그러지 말라. 이런 말 하는 사람을 너희가 여기서 죽이면 큰일이 난다."

그때부터 사명대사는 혀가 보배인 승려라 하여 '설보화상說寶和尙'이라고 불리었다. 어릴 때부터 정신을 단련하면서 살아온 사명대사였기 때문에 그렇게 당당하게 대답을 한 것이다.

؋

무엇을 하든지 '나'의 정신이 살아 있어야 된다.

그리고 내가 할 일을 남에게 미루거나 뒤로 미룰 것이 아니다. '내가 이 나라를 세계에서 가장 찬란한 문명국가로 빛나게 하리라'는 국가관·조국관을 가슴에 품고 일을 해야 하며, 그리고 이웃에 헌신하고 보살의 행원行願을 실천해 나가야 한다.

이렇게 살아 있는 정신과 살려 가는 정신으로 살아가면 자연히 일이 성취되고 많은 동지들이 생겨난다.

몸에 붙어서 피를 빨아 먹고 사는 이는 크기가 참깨알만 하다. 옷에 붙어 있는 것을 잡아내려고 하면, 죽기는 싫고 급해서 떼굴떼굴 구른다. 이런 놈을 손톱으로 탁 터뜨리면 피를 뿜으면서 죽는다.

이가 이토록 가치 없는 미물이지만, 이놈이 장사의 엉덩이에 붙어 가지고 물고 차고 하면, 장사도 무엇이 이렇게 하는가 싶어서 엉덩이를 들썩거린다.

우리도 사명대사처럼 정신을 독특하게 가지면 어떠한 난관이라도 돌파할 수가 있다.

우리 모두 정신을 단련하고 또 단련해서 부처님의 정신으로 돌아가야 한다. 부처님께서는 자꾸 닦고 단련해서 탐진치 삼독과 팔만사천 번뇌가 뚝 떨어진, 마음속의 때가 없는 그 자리로 돌아가서 대해탈을 이루고, 중생을 위해 팔만대장경의 법문을 다 토해내신 것이다.

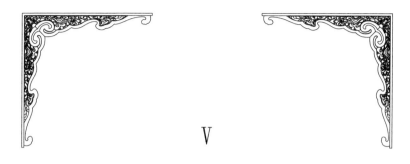

V

인욕과 정진과 성공

香聲
_{향 성}

향기로운 소리
향기로운 법문
향기로운 글
향기로운 시…

1. 인내할 줄 아는가

사바세계는 괴로움과 즐거움이 함께하는 곳이다. 그러므로 참아야 할 것들이 많다. 특히 무슨 일을 하든지 목표를 이루고 성공을 하려면 꾹 참을 줄 알아야 한다. 그러면서 용기를 내어서 앞으로 나아가는 정진력이 있어야 한다.

그럼 얼마나 참고 정진을 해야 능히 힘을 쌓고 크게 성공을 할 수가 있는가?

수행자가 되었든, 예술·과학·사업 등에 종사하든, 자식을 기르든, '나'라고 하는 소아망상小我妄想의 고개를 넘어서 무아無我의 경지에 들어가야 이를 이룰 수 있다. 혼신의 힘을 다해서 무아의 경지, 무분별의 경계에 들어가야만 목표하는 바를 크게 이룰 수 있는 것이다.

한신의 인욕

❀

한漢나라 때의 명장 한신韓信은 천하를 바로 잡을 뜻이 있었으나, 몹시 가난하여 매일같이 회음성淮陰城 밖의 냇가에서 낚시질을 하면서 지냈다.

그 냇가에서는 매일 몇 사람의 아낙들이 모여서 빨래를 하였는데, 그중의 한 노파가 한신을 불쌍히 여겨서 자주 끼니를 챙겨 주었다. 크게 감격한 한신은 인사를 했다.

"언젠가는 이 은혜에 꼭 보답하겠습니다."

그러자 노파가 핀잔을 주었다.

"뭐? 은혜에 보답한다고? 육신이 멀쩡한 녀석이 제 입 하나 해결하지 못하는 것이 하도 불쌍하게 보여서 밥 몇 끼를 준 것뿐이야. 그따위 소리는 하지도 말아라!"

은혜를 갚겠다고 하는데, 이보다 더 자존심 상하게 하는 말이 어디에 있겠는가?

또 하루는 회음성 안의 백정 패거리 중에서 한신을 업신여긴 건달 하나가 시비를 걸어왔다.

"어이, 덩치 큰 친구! 꼴은 제법인데 배짱은 있는가? 보나마나 빈 껍데기겠지?"

차츰 구경꾼들이 모여들자, 백정은 더욱 기가 살아서 소리를 쳤다.

"이 쓸모없는 놈! 내 가랑이 밑으로 기어서 나가라."

한신은 물끄러미 바라보고 있다가 그 백정의 가랑이 밑으로 기어들어 갔고, 이를 본 구경꾼들은 한신을 '바보 천치'라고 불렀다.

뒷날 한신은 한나라 유방劉邦을 도와서 천하를 평정하고 제왕이 된 다음에, 회음성으로 가서 밥을 준 노파를 찾아 천금千金의 상을 내렸다. 그리고 모욕을 준 백정도 불러서 말하였다.

"그대가 나를 가랑이 밑으로 기어가게 하면서 망신을 준 것! 그것을 능히 참아가면서 공부를 잘하였기 때문에 오늘의 내가 있게 되었소이다. 참으로 고맙소."

§

한신과 같은 인욕이라면, 그리고 그와 같은 모독을 향상向上의 계기로 삼을 수 있다면 어찌 성공하지 못할 일이 있겠는가.

이장춘의 성공

❀

옛날 마산에 이장춘李長春이라는 봇짐장수가 있었다. 짐을 지고 큰 고개를 올라가게 되면 보통 힘이 드는 것이 아니다. 그는 중간중간에 지게를 작대기로 받쳐놓고 쉴 때마다 스스로를 향해서 소리쳤다.

"장춘아, 네가 지금은 땀을 흘리고 있지만, 이 고개 마루턱만 올라서면 시원한 바람이 네 겨드랑이 밑을 지나갈 것이다. 그러니 힘이 들더라도 용기를 내어서 조금만 더 참고 올라가자."

마침내 고개 위에 올라 시원한 바람이 불어오면 또 다짐을 하였다.

"장춘아, 너도 돈을 벌면 이렇게 시원하고 좋은 때가 올 것이다. 고생이라 생각 말고 열심히 해라."

이렇게 스스로에게 용기를 북돋우면서, 피와 땀을 흘리는 힘든 과정을 극복하고 돈을 모아 큰 부자가 되었다.

�}

이 이장춘처럼, 예술·학문·종교·과학은 물론이요 모든 사업의 성취는, 스스로를 격려하면서 정성을 쏟고 피와 땀을 흘린 뒤에라야 이룰 수가 있다.

　나의 편안함, 나의 기쁨, 나의 행복만을 추구하는 소아망상에 빠져들어서야 어찌 성취가 가깝겠는가? 스스로를 격려하고 용기를 북돋우면서 나아가야 한다.

2. 꾸준히만 정진하면

塵勞逈脫事非常　　진로형탈사비상
緊把繩頭做一場　　긴파승두주일장
不是一飜寒徹骨　　불시일번한철골
爭得梅花撲鼻香　　쟁득매화박비향
번뇌에서 벗어나는 것은 예삿일이 아니니
밧줄 단단히 잡고 한바탕 힘을 쓸지어다
한 번 매서운 추위 뼈에 사무치지 않으면
어찌 코를 찌르는 매화의 향기를 얻으리

이 황벽조사黃檗祖師(?~850)의 게송은 참으로 간절하고 요긴한 가르침이다.

세속에서든 출세간에서든, 마음의 꽃을 피우자면 죽자 사자 노력하고 애를 써야 되는 것이다.

찬 눈 속에서 피어나는 매화의 향기가 그윽하고 짙듯이, 수행인이 신고辛苦 끝에 도를 알게 되거나 속인들이 어려움을 극복하고 성공을 하게 되면, 마음의 광명이 온 누리를 비추게 된다.

 그럼 성공을 위해 가장 먼저 필요한 것은 무엇인가? 믿음과 인내와 정진이다.

 믿음은 우리에게 큰 용기를 준다. 믿음이 있으면 두려움과 불안감 없는 편안한 삶을 영위할 수 있고, 위기를 능히 대처할 수 있는 힘이 솟아난다.

 만복과 대지혜를 모두 갖춘 부처님께서 무엇이 답답하여 우리에게 '믿으라'고 하셨을까?

 그 까닭은 믿음이야말로 성공의 문을 여는 첫 단추이기 때문이요, 일을 잘 이루게 하는 주춧돌이기 때문이요, 우리를 일생 동안 흔들림 없이 잘 살게 하는 바탕이 되기 때문이다.

병을 낫게 하는 엉터리 주문

✿

 일본의 대산청만大山靑巒이라는 문학박사 집에 있었던 늙은 하녀는 병든 사람을 앞에 앉혀 놓고 몇 마디 중얼거리기만 하면 병을 낫게 하는 묘한 재주를 가지고 있었다.

 박사에게는 그것이 미신임이 분명한데, 병이 완쾌되는 것이 너무나 신기하게 느껴졌다. 그래서 어느 날 그녀를 불러 물었다.

 "당신이 외우는 주문을 정확하게 발음해 보시오."

 "'오무기 고무기 이소고고'입니다."

 오무기는 보리요 고무기는 밀, 이소고고는 두되 다섯 홉이라는 뜻이다. 이를 들은 박사는 더욱 이상했다.

 '보리 밀 두 되 다섯 홉이라는 말에 병이 나을 까닭이 없는데? …'

 가만히 생각해 보니 그 구절은 『금강경』에 나오는 '응무소주이생기심應無所住而生其心'인 것 같았다. "응당 머무름 없이 그 마음을 낸다"는 응무소주이생기심을 일본 발음으로 하면

'오무소주 이소고싱'이다. 그런데 그녀는 '오무소주 이소고싱'을 잘못 알아듣고 '오무기 고무기 이소고고'라는 비슷한 음으로 늘 외워 왔던 것이다.

"그 발음은 잘못된 것이오. 앞으로는 '오무소주 이소고싱'이라고 하시오."

평소 존경하던 주인의 가르침을 받아들인 그녀는 환자가 올 때마다 열심히 외웠다.

"오무소주 이소고싱, 오무소주 이소고싱…."

그러나 그 진짜 게송으로는 어떠한 사람의 병도 낫게 할 수가 없었다.

그녀는 다시 보리 밀 두 되 다섯 홉이라는 뜻의 '오무기 고무기 이소고고'를 외웠다. 그러자 이전과 같이 사람들의 병이 깨끗이 나았다.

⚇

엉터리 주문으로는 병이 낫고 진짜 주문을 외우면 낫지 않는 까닭이 무엇인가?

그 이유는 간단하다.

박사가 가르쳐준 것이 올바른 것이기는 하지만 많이 외우지를 않았다. 또 '이렇게 외우면 병이 나을까?', '이것이 진짜 옳은 것인가?' 하는 등의 의심이 많았다.

그런데 오랫동안 외워 왔던 엉터리 주문에 대해서는 확신이 가득했다. 그 주문을 외워서 수많은 이들의 병을 낫게 할 수 있었기 때문이다.

이것이 무엇인가? 바로 마음의 조화요 위력이다.

따지고 분별하고 의심하기보다는, 깊은 믿음 속에서 살아가면 번뇌망상들이 사라지고 문제가 점점 없어지게 된다. 아무리 어렵고 힘들게 느껴지는 일이라 할지라도 스스로를 믿고 한결같이 꾸준히 이어가면 반드시 결실을 이룰 수 있게 되는 것이다.

그러므로 어떤 어려움이 닥칠지라도 뜻을 분명하게 세우고 용맹스럽게 나아가야 한다.

자장스님의 결심

❁

신라의 대국통大國統 자장율사慈藏律師는 왕이 될 수 있는 진골眞骨 출신으로, 어릴 때의 이름은 선종랑善宗郎이다.

선종랑은 출가하여 처음 수행을 할 때, 죽음과 무상을 초탈하게 하는 수행법인 고골관枯骨觀을 닦았다.

고골관은 달리 백골관白骨觀이라고도 하는데, 모든 욕망을 씻어버리기 위해 앉아서나 다닐 때나, 죽은 시체의 모습을 마음으로 그리면서 수행을 하는 것이다.

넓은 들판에 부풀어 오른 채 누워 있는 시체, 그 시체를 파먹는 새와 짐승들, 마침내는 앙상한 뼈만 남기고 썩어버리는 시체의 모습을 관찰하면서 인생의 무상함을 깨닫고 진리를 체득하는 수행법이다.

선종랑의 고골관 수행은 처절하였다. 조그마한 집을 지어서 가시덤불을 두른 다음, 벗은 몸으로 그 속에 앉아 움직이기만 하면 곧 가시에 찔리도록 하였고, 끈으로 머리를 천장에 매달아서 졸거나 정신이 혼미해지면 꽉 당겨져 깨어나도록 하였다.

그때 신라 조정의 재상 자리가 비게 되어 진골인 그를 여러 차례 기용하려고 하였는데, 선종랑은 왕의 부름에 응하지 않았다. 마침내 분노한 왕은 엄하게 명을 내렸다.

"이번에도 나오지 않겠다고 하면 그 자리에서 목을 베어라."

그러나 선종랑은 칙명을 듣고 단호하게 말하였다.

吾寧一日持戒而死　내 차라리 계를 지키며 하루를 살지언정
不願百年破戒而生　계를 깨뜨리고 백 년 살기를 원치 않노라

이 말을 전해 들은 왕은 선종랑의 출가를 허락하였다. 이로써 명실공히 승려가 된 자장스님은 더욱 깊은 산 속으로 들어가서 수행하였다.

그때 이상한 새가 과일을 물어와서 공양하였고, 천인天人이 와서 5계를 주는 꿈을 꾸었다고 하며, 스님이 그 산에서 나오자 전국 각처에서 찾아온 사람들이 앞을 다투어서 계를 받았다고 한다.

§

'어떤 삶을 살겠다'고 뚜렷이 목표를 세운 이라면 자장율사처럼 굳건한 마음으로 나아가야 한다. 이것이 정진의 원칙이다.

146

그런데 우리는 어떠하냐?

만약 현재 매진하고 있는 그 무엇이 있는데도 마음의 안정을 이루지 못한다면, 스스로의 마음이 안정되도록 가꾸어 나가야 한다.

참회하고 수순隨順하고 집중을 하여, 조급하고 불안한 마음을 평온한 마음으로 바꾸면서 나아가야 한다.

한 번 두 번, 하루 이틀 만에 이루려고 하지 말고, 천번 만번, 십 년 이십 년 평생을 하겠다는 자세를 가지고 느긋하고 평온한 마음으로 정진을 해 보아라. 반드시 뜻을 이루고 성공을 하게 된다.

약초가 아닌 풀을 구해 오너라

✿

석가모니부처님의 주치의였던 기바耆婆 선인이 의술을 공부할 때의 일이다.

젊은 시절에 기바는 한 스승 밑에서 꾸준히 의술을 익혔다. 몸과 마음을 다 바쳐서 10년 동안 의술을 익힌 기바는 자신이 배운 공부가 어느 정도에 이르렀는지를 알고 싶었다. 그래서 스승께 여쭈었다.

"사부님, 제가 사부님 밑에서 의술을 익힌 지도 벌써 10년이 되었습니다. 앞으로 얼마나 더 배워야 훌륭한 의사가 될 수 있을까요?"

"어디 네 실력이 얼마나 쌓였는지를 알아보자꾸나. 사흘의 여유를 줄 테니, 어디로 가서든지 약초가 아닌 풀들을 찾아서 캐어 오도록 하여라."

기바는 사흘 동안 들판을 누비고 산을 돌아다니면서 약초가 아닌 풀들을 찾고 또 찾았다. 그런데 아무리 살펴보아도 약초가 되지 않을 풀은 발견할 수가 없었다. 그는 사부님께 돌아와서 아뢰었다.

"사부님, 사흘 동안 온 산천을 헤매었으나, 약초 아닌 풀은 구할 수가 없었습니다."

"그래? 그렇다면 되었구나. 그만하면 훌륭한 의사가 될 수 있겠다. 이제 세상으로 내려가서 사람들을 치료하고 보살펴 주도록 하여라."

§

모든 것에는 때가 있다. 시절인연時節因緣이 있다. 때가 되면 저절로 무르익기 마련이다. 그러하니 절대로 조급증을 내지 말아라. 한꺼번에 이루려고 하지 말아라.

한 걸음 한 걸음 착실히 나아가면 자신도 모르는 사이에 성공을 하고 원했던 자리에 도달을 하게 된다.

부처님의 주치의였던 기바선인처럼, 우리도 한결같이 배우고 익히고 정진하다 보면, 문득 자신도 모르는 사이에 문리가 터지고 완전히 익은 경지에 도달하게 되는 것이다.

맹자 삼천 독에 '탁'

✿

예전에 어떤 선비가 제자에게 일러주었다.

"『맹자孟子』를 삼천 번만 읽으면 글 문리가 '탁'하고 터진다. 삼천 독을 해라."

제자는 『맹자』를 짊어지고 산중에 들어가서 삼천 번을 읽었다. 그런데 '탁'하는 소리가 나지 않았다. 그래서 스승님에게 편지를 썼다.

"스승님, 맹자를 삼천 번 읽어도 탁하는 소리가 들리지 않습니다. 스승님 말씀이 틀렸는지요? 제자는 당황스럽고 의혹이 큽니다."

스승이 편지를 보니, 제자의 문장이 처음 산에 들어갈 때와는 비교할 수도 없을 만큼 빼어난 것이 아닌가. 그래서 답을 하였다.

"자네는 맹자를 삼천 번 읽으면 '탁'하는 소리가 정말 나는 줄 아는 모양인데, 탁하는 소리가 따로 있는 것이 아니다. 지금 네가 지은 편지글의 솜씨가 바로 '탁'하는 소리이니, 이제 그만 돌아오너라."

8

성취의 비결은 특별한 것이 아니다. 지금 이 자리에서 번뇌 없이 갈등 없이 바른길로 나아가면서 최선을 다하면 성취는 저절로 찾아든다.

스스로가 정한 바른 목표에 대해 최선을 다하면 바라밀波羅蜜, 곧 피안의 저 언덕은 저절로 나의 것이 되고, 나는 어느덧 그 언덕에 서 있게 된다.

중관을 타파하라

✿

선문禪門에는 '중관重關을 타파打破하라'는 말이 있다. 이것이 무엇인가?

한 군대가 적군에게 완전히 포위를 당해 꼼짝을 할 수가 없어서 항복을 했다. 그리고 항복을 하였으면 목숨을 살려 주는 것이 관례이다. 그런데 적장이 소리쳤다.

"너 이놈들! 너희가 부득이해서 항복을 했지마는, 살려두면 또 군사를 일으켜서 우리를 칠 것이 틀림없다. 그러니 너희를 죽여야겠다."

항복을 했으면 노예로 삼든지 하면 그뿐인데, 죽인다고 하니 기가 찰 노릇이다. 그래서 군사들끼리 무언의 말을 했다. 말없이 눈을 끔쩍이고 손을 움직이면서 서로가 어떻게 행동을 할 것인지를 이야기했다. 어떤 무언의 말을 했는가?

"자, 항복을 했는데도 우리를 죽인다고 한다. 기왕 죽을 바에야 여러 사람이 합심을 해 가지고, 한 군데로 물밀듯이 밀어붙여서 살길을 열자."

이긴 놈들은 이겼다고 마음을 놓고 있을 그때, 그렇게 마음

152

이 통한 수천 명의 군사가 일심一心으로 힘을 합해서 한 군데로 밀고 나가 살길을 열었다.

ẞ

이것이 중관타파重關打破이다. 여러분도 개인의 일이나 가정일이나 사회일이나 어려운 경우를 당했을 때 중관을 타파하는 것과 같은 용기를 내어야 성공을 할 수가 있다.

정신이 살아야지, 정신이 죽으면 아무것도 안 된다.

雨過靑山千萬里   우과청산천만리
虛空宇宙滿春聲   허공우주만춘성
비가 개니 푸른 산이 천만리요
봄의 소리 온 누리에 가득하구나

법문은 여기에 다 갖추어져 있다.

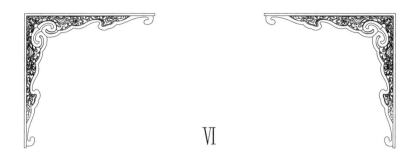

VI

복 지어야 복 받는다

스님의 거처인 삼소굴에서
華嚴(화엄)을 쓰신 다음
감상을 하고 계신다

1. 내 복은 나에게서

새해가 되면 서로 인사를 한다. 그중에서 가장 많이 하는 인사가 '복 많이 받아라'는 것이다.

이러한 인사를 하는 것은 참 좋다. 상대방에게 복이 깃들기를 바라는 축원이 담겨 있기 때문이요, 이렇게 축원하는 마음이 나를 복되게 만들기 때문이다.

또 '복을 많이 받아라'고 하면 상대는 그 말 자체를 기뻐한다. 그러나 '복 많이 받아라'는 말을 듣는다고 하여 상대방이 복을 받게 되지는 않는다.

복은 스스로가 복을 지어야 받는 것이지, 남의 말에서 복이 오는 것이 아니기 때문이다.

내가 지은 복은 절대로 남에게 가지 않고 나를 떠나지 않는다.

사람들이 가장 좋아하는 이 복福은 특별한 곳에 있는 것이 아니다. 어디에나 있다. 일상생활을 하는 어느 곳에나 있다.

생각하고 말하고 행동하는 그 속에 복이 있고, 밥 먹고 대소변 보고 일하고 공부하며 살아가는 그 속에 복이 있는 것이다.

그런데 왜 우리는 그 복을 보지도 느끼지도 누리지도 못하며 사는 것인가? 바로 이기심利己心이 내 눈앞을 가려 버렸기 때문에 복을 보지도 느끼지도 누리지도 못한다. 바르지 못한 생각으로 내 속을 채우고 있기 때문에 보지도 느끼지도 누리지도 못하는 것이다.

그리고는 오히려 '나'만 불행하고 나만 힘들게 지내는 듯이 우울하게 생각하며 살아간다.

만약 일상생활에서 복을 보고 복을 느끼고 복을 누리면서 살고자 한다면, 마음을 바르게 가지고 지금의 한 생각을 잘 다스려야 한다. 지금의 한 생각이 복을 불러일으키기도 하고, 복을 쫓아내기도 하기 때문이다.

이제 이러한 내용의 복 받는 옛이야기들을 함께 살펴보자.

당 태종과 사주가 같은 사람

✿

중국 당나라의 두 번째 천자는 태종(재위 627~649)으로, 이름이 이세민李世民이다.

어느 날 '사주四柱가 같으면 팔자도 같은 것인지?'가 궁금해진 그는, 신하들에게 자신과 같은 사주를 지닌 사람을 찾도록 명하였다. 그 결과 두 사람이 나타났는데, 태종은 그들을 불러서 사는 형편을 물었다. 한 사람이 먼저 말하였다.

"신臣은 잠이 들면 천하의 재물이 제 것이 되고, 만조백관과 삼천궁녀를 거느리고 지냅니다. 그런데 잠에서 깨어나면 잘 먹지도 못하고 근근이 지냅니다."

꿈속에서만 천자 노릇을 하고 있다는 것이었다.

또 한 사람이 말하였다.

"신은 아들이 여덟 명인데 모두가 만석꾼입니다. 아들 여덟 명이 정월 초하루부터 칠일마다 한 번씩 번갈아 가며 찾아와서는, 비단옷과 진수성찬으로 정성을 다하고 있습니다."

'이 사람은 천자인 나보다 복이 더 많은 듯하구나. 걱정을 좀 만들어주어야겠다.'

이렇게 생각한 태종은 어둠 속에서도 빛을 발하는 야광주夜光珠 하나씩을 나누어주면서 말하였다.

"우리가 한날한시에 태어났으니, 매년 봄마다 한 번씩 만나서 놀아 보세나. 그날은 반드시 지금 주는 이 야광주를 가져와야 하네."

천자는 신하에게 명을 내렸다.

"부자가 타는 배에 함께 타고 가면서 야광주를 물속에 빠뜨려라."

아들 여덟을 둔 부자는 집으로 돌아가기 위해 황하강을 건너면서 야광주를 꺼내어 자랑을 하였고, 변복을 한 신하는 보여주기를 간청하였다. 부자가 야광주를 보여주자 배가 기우뚱거릴 때 그 보배를 황하강의 물속에 빠뜨렸다.

"아, 천자가 주신 야광주! 큰일 났다. 이제 꼼짝없이 죽었구나."

부자가 걱정을 태산과 같이 하면서 지낸 지 사흘이 되는 날, 황하강 강변에 사는 소작인이 잡은 잉어를 들고 부자의 집으로 찾아왔다. 그런데 그 잉어의 배를 갈라 보니 야광주가 들어 있는 것이 아닌가?

워낙 복을 많이 지어 놓았기에 구슬을 삼킨 잉어가 소작인에게 잡혀서 그의 집으로 온 것이다.

그 이듬해에 사주가 같은 세 사람은 다시 모였다. 천자는 구슬을 잃어버린 황하강 건너의 부자가 근심걱정으로 피골이 상접되어 있을 것이라 생각하고 있었는데, 상상외로 부자는 좋은 얼굴로 나타났고 구슬을 천자에게 보여주는 것이었다.

이상하게 여긴 천자가 자초지종을 캐묻자, 부자가 구슬을 도로 찾게 된 내력을 말하였다. 천자는 무릎을 치면서 찬탄하였다.

"아, 복이 있는 자는 어떻게 해 볼 수가 없구나. 그대가 천자인 나보다 복을 더 받는 것 같아서 걱정을 좀 주려고 일부러 구슬을 잃게 만들었는데, 그 구슬이 고기의 배 속으로 들어갔다가 그대에게로 되돌아가서 걱정을 면하게 해주었구나."

그리고는 두 사람에게 호號를 하나씩 내렸다.

"밤마다 꿈속에서 천자 노릇을 하는 그대에게는 몽천자夢天子, 근심이 없는 그대에게는 무수왕無愁王이라는 호를 내리노라."

⚇

이 이야기처럼, 내가 지은 복은 절대로 남이 어떻게 할 수가 없다. 천자라고 하여도, 하느님이라 하여도 어떻게 할 수가 없다. 닦은 복의 과보는 반드시 자기가 받지 절대로 다른 이에게 가지 않는다. 반드시 내가 받게 되어 있고 내 후손이 받게 되어 있다.

　모름지기 지금 이 생에서 잘 살고, 죽어 저승의 염라대왕 앞에서도 큰소리를 치려면 복을 많이 지어야 한다.

배휴의 바른 한 생각

✿

중국 당唐 나라에 배휴裴休(791~864)라는 유명한 정승이 있었다.

그는 쌍둥이로 태어났다. 그것도 등이 맞붙은 기형아 쌍둥이로 태어났다. 하는 수 없이 칼로 등을 갈라서 약을 바르고 치료를 해서 키웠는데, 살이 많이 붙은 아이를 형으로, 살이 적게 붙은 아이를 동생으로 삼았다.

부모는 형과 동생의 이름을 '度'로 지었는데, 이 '度'에는 두 가지 음과 두 가지 뜻이 있다. 그래서 형의 이름은 '법도 도度'로 하고, 동생은 '헤아릴 탁度'으로 정하였다. 배휴는 어릴 때의 형인 배도가 성장한 뒤에 취한 이름이다.

어려서 조실부모하자 배휴는 외삼촌한테 몸을 의탁하였고, 동생 탁은 어디로 갔는지 사라져 버렸다.

어느 날 도덕이 높은 밀교 승려 일행선사一行禪師가 오셔서 배휴를 유심히 바라보더니, 방으로 들어가서 외삼촌과 대화를 나누었고, 배휴는 그 방 앞을 지나다가 자기 이야기를 하는 것 같아서 잠깐 엿들었다.

"저 아이는 웬 아이입니까?"

"나의 생질인데, 부모가 모두 죽어서 데리고 있습니다."

"저 아이를 내보내시오."

"왜요?"

"저 아이의 관상을 보니, 앞은 거지상이요 뒤는 거적데기상입니다. 워낙 복이 없어서 거지가 되지 않을 수 없습니다. 저 아이를 이 집에 놓아두면, 저 아이로 말미암아 주변 사람들도 가난해집니다. 저 아이가 얻어먹으려면 우선 이 집부터 망해야 하니, 애시당초 그렇게 되기 전에 내보내시오."

"그렇지만 의지할 데 없는 아이를 어떻게 내보냅니까?"

"사람은 자기 복대로 살아야 하는 법! 저 아이 때문에 이 집이 망하면 저 아이의 업은 더욱 깊어질 뿐이오."

선사기 돌아간 뒤에 배휴는 외삼촌께 말하였다.

"외삼촌, 저는 이 집을 떠나겠습니다. 허락해 주십시오."

"가다니? 어디로 가겠다는 것이냐?"

"아까 일행선사님과 나누는 말씀을 들었습니다. 제가 빌어먹을 팔자라면 혼자서 빌어먹을 일이지, 외삼촌 집안까지 망하게 할 수는 없는 일 아닙니까? 지금 떠나겠습니다."

자꾸만 만류하는 외삼촌을 뿌리치고 집을 나온 배휴는 그

164

날부터 이 집 저 집을 찾아다니면서 구걸을 하였다. 그야말로 거지가 된 것이다. 그렇지만 무엇인가 좋은 일을 하고 싶어서, 틈만 나면 숯을 구워다가 필요한 사람에게 나누어 주었다.

그렇게 구걸을 하며 하루하루를 살아가던 어느 날, 배휴는 모든 사람에게 개방을 하고 있는 사찰의 목욕탕으로 목욕을 하러 갔다. 그런데 목욕탕에 진귀한 옥으로 만든 부인요대婦人腰帶가 떨어져 있는 것이 아닌가! 깜짝 놀란 배휴는 생각을 했다.

'이 좋은 보배를 잃은 자가 얼마나 근심을 하고 있을까? 주인이 올 때까지 기다렸다가 돌려주어야지.'

과연 한 식경이 지나자 나이가 지긋한 부인이 허둥지둥 달려와서 무엇인가를 찾는 것이었다.

"이것을 찾습니까? 주인이면 가져가십시오. 이 귀중한 것을 주인에게 찾아주어야 할 것 같아, 제가 챙겨서 기다리고 있었습니다."

배휴가 그 요대를 건네주자 부인은 거듭 감사의 인사를 하면서 요대에 얽힌 사연을 일러 주었다.

"이 요대는 촉나라의 왕비가 허리에 둘렀던 것이란다. 그런데 삼대독자인 나의 아들이 이 지방의 자사刺使(지금의 도지사

격)에게 죽을죄를 지었기에, 전 재산을 팔아서 이 요대를 마련한 것이다. 자사가 이 요대를 구해오면 아들의 목숨을 살려주겠다고 하였기에…. 네가 아니었다면 삼대독자인 아들을 영영 보지 못할 뻔하였구나."

그 뒤 배휴는 걸식을 하다가 잠깐 외삼촌의 집에 들르게 되었는데, 때마침 온 일행선사가 배휴를 보더니 깜짝 놀라는 것이었다.

"애야, 너 정승이 되겠구나!"

"스님, 언제는 저를 두고 '빌어먹을 팔자라며 내보내라' 해 놓고, 오늘은 어째서 정승이 되겠다고 하십니까? 거짓말 마시오."

"전날에는 너의 관상觀相을 보았지. 얼굴에 거지 팔자가 가득 붙어 있더구나. 오늘은 심상心相을 보았는데 정승이 될 상이다. 그동안 무슨 일이 있었느냐?"

배휴가 숯을 구워서 사람들에게 나누어 준 것과 사찰의 목욕탕에서 진귀한 요대를 찾아준 것을 말씀드리자, 일행선사는 무릎을 치면서 기뻐하였다.

"그러면 그렇지! 너의 마음가짐이 거지 팔자를 정승 팔자로 바꾸어 놓았구나."

그 뒤 배휴는 일행선사의 말씀대로 정승이 되었는데, 조사祖師들의 영정을 모셔놓은 어느 절 영각影閣에 들어가서 안내하는 승려에게 물었다.

"선사先師들의 영정은 여기에 있는데, 선사들은 모두 어디로 갔소?"

그러나 그 절의 대중은 어느 누구도 답을 하지 못하였다.

"이 절에는 공부가 익은 분이 없습니까?"

"황벽선사黃蘗禪師라는 분이 이 절 부근의 토굴에 묵고 있는데, 도가 높은 분 같습니다."

승려들이 황벽선사를 영각으로 모시고 오자 배휴가 물었다.

"선사들의 영정은 여기에 있는데 선사들은 모두 어디로 갔습니까?"

황벽스님이 벼락같은 소리로 불렀다.

"배휴!"

"예."

"어디에 있느냐?"

그 순간 배휴는 활연히 도를 깨달았다.

그 뒤 배휴는 황벽선사를 도와서 불교를 많이 외호를 하였고, 황벽선사의 법문을 정리하여 『전심법요』, 『완릉록』 등의 유명한 선서를 만들었는데, 이는 우리나라 선종에서도 매우 요긴한 책으로 삼아 선승들이 공부를 하고 있다.

　또 배휴는 정승이 된 다음에 등이 붙어 태어난 동생을 찾기 위해서 사방으로 수소문을 하였다. 그러나 동생의 행방은 묘연하였다. 정승노릇을 하고 있으니 좀 도와주면서 함께 잘 지내보고 싶은데, 어디로 갔는지 무엇을 하는지 찾을 수가 없었다.

　배휴가 하루는 배를 타고 황하강을 건너는데, 때마침 더운 여름이라 뱃사공이 웃옷을 벗은 채 노를 젓고 있었다. 그런데 등의 흉터가 자기의 것과 같았다.

　'아, 내 동생이 아닌가?'

　그래서 배휴가 물었다.

　"이름이 무엇이오?"

　"배탁이올시다."

　"그럼 네가 내 동생이 아니냐?"

　"그렇습니다."

　"내가 정승이 된 줄을 몰랐더냐?"

　"알기는 벌써 알았습니다."

　"그럼 왜 찾아오지 않았느냐?"

　"형님이 형님 복으로 정승이 되어서 잘 먹고 잘 지낸다고 하여, 나까지 형님 덕에 잘 지내야 할 이유는 없지 않습니까? 그래서 이렇게 배를 몰면서 오는 사람 가는 사람을 건네주고 있습니다."

그리고는 형이 가자고 하여도 끝내 따라가지 않았다. 형님은 형님 복에 잘 살지만, 이렇게 넓은 산과 물을 벗 삼아 오가는 사람을 건네주면서 자연스럽게 사는 것이 형님의 정승자리보다 낫다고 여긴 것이다.

배휴는 전생에 많은 수행을 쌓고 나온 사람으로 알려져 있는데, 동생 배탁도 세상 영욕을 초월해서 부귀영화를 초개처럼 아는, 참으로 고매하고 세상 사는 멋을 아는 사람이다.

정말 한고비를 넘긴 이 배휴 형제의 이러한 복과 멋은 어디에서 나온 것인가? 모두가 바른 한 생각에서 나온 것이다.

⚱

이 배휴의 이야기처럼, 진심으로 남을 위하는 착한 마음가짐은 사람의 운명을 바꾸어 놓는다.

앞으로 보아도 거지상이요 뒤로 보아도 거지상이었던 배휴는 남을 헤아릴 줄 아는 마음 하나로 큰 행복을 누릴 수 있는 사람이 되었다. 가만히 배휴의 선행을 돌이켜 보아라. 그것이 아주 특별한 것은 아니다.

외삼촌의 집안 모두 거지가 된다는 사실이 안타까웠기에 때문에 집을 뛰쳐나가서 거지 팔자로 살았고, 남의 음식을 빌어 먹으며 사는 거지였지만 남에게 조금이나마 보탬이 되고 싶어 숯을 구워서 나누어 주었다. 그리고 탐심을 내지 않고 '귀중한 보물을 잃은 주인이 얼마나 근심할까'를 생각하면서 요대를 간직하고 있다가 돌려주었다.

곧 착한 마음으로 좋은 인연 가꾸기를 한 것인데, 그랬더니 거지의 관상이 정승의 심상心相으로 바뀐 것이다.

정원용아, 복 받아라

✿

이제 우리나라에 있었던 조금 더 세속적인 옛날이야기 하나를 하겠다.

조선시대 후기의 선비인 정원용鄭元容(1783~1873)은 양반집에서 태어나서 어린 나이에 결혼을 하였다. 그런데 얼마 지나지 않아 부모님을 일찍 여의게 되었다. 그는 어떻게 살까를 망설이다가, 과거를 보기 위해서 열심히 글을 읽었다.

그러나 장사도 하지 않고 농사도 짓지 않고 글만 읽고 있으니, 물려받은 재산이 남아날 턱이 없었다. 그는 팔 수 있는 가재도구를 하나씩 처분하였고, 마침내는 끼니를 이을 수 없을 정도로 궁색해져 버렸다. 그때가 그의 나이 20세였다.

하루는 사랑방에서 글을 읽다가 어찌나 배가 고프던지, 아내에게 먹을 것이 없는지를 물으려고 안방으로 문을 열고 들어섰다. 그런데 아내가 무엇인가를 먹다가 무릎 밑으로 황급히 감추는 것이었다.

'배가 아무리 고플지라도 부부 사이라면 밤 한 톨이라도 나

누어 먹어야지, 어찌 혼자서 무엇인가를 먹다가 감추는 것인가? 원 세상에, 이럴 수가 있나!'

잔뜩 속이 뒤틀린 정원용은 뒤돌아서서 나오다가 다시 안방으로 들어가서 아내를 나무라기 시작했다.

"여보, 아무리 작은 것이라도 서로 나누어 먹어야 되지 않소? 도대체 무엇을 먹다가 무릎 밑에 감추었소? 당신이 어찌 그럴 수가 있소?"

나무라는 남편을 한참 동안 물끄러미 쳐다보던 아내는 눈물을 글썽이며 말하였다.

"요즘 들어서 저에게 무엇을 주셨나요? 돈을 주셨나요? 쌀을 주셨나요? 아무것도 주지 않았으면서 무엇을 먹는다고 그리도 야단입니까?

사방을 둘러봐도 먹을 것은 없고 어찌나 배가 고프던지, 녹두 가루로 만든 비누가 그릇에 조금 붙어 있길래 그것도 곡식이라고 빨고 있었습니다. 바로 그때 당신이 들어온 것입니다. 너무 부끄러워서 말도 못하고, 당신이 민망해할까 봐 무릎 밑에 감추었습니다.

자, 이게 그것이니 빨아 봐요. 무엇이 붙어 있기나 한지?"

그 말을 듣는 순간 정원용은 배고픈 생각은 고사하고 가슴이 터질 듯이 쓰리고 아파왔다.

'얼마나 배가 고팠으면 그것도 곡식이라고 빨았을까? 남의 집안 귀한 딸을 데려다가 저리도 배를 주리게 하였다니! 나는 사람도 아니다, 사람도 아니야. 무엇을 해야 아내를 굶주리지 않게 할 수 있을까? 도대체 어떻게 해야 되지?'

사랑방에 틀어박혀 곰곰이 생각을 해보았지만 신통한 방법이 떠오르지 않았다. 땅이 없으니 농사를 지을 수가 있나, 돈이 없으니 장사를 할 수가 있나. 그러다가 마지막에 작정한 것이 도둑질이었다.

그런데 막상 하려고 작정한 도둑질조차 어떻게 해야 하는지가 떠오르지 않았다. 담장이 높은 집에는 쉽게 들어갈 수가 없으니, 울타리도 담도 없는 집으로 무작정 들어가서 도둑질을 하리라 마음먹었다.

그날 밤 사방이 어두워지자, 정원용은 동네를 돌아다니기 시작했다. 양반들이 사는 동네라, 대부분 담장들이 높아서 어떻게 해 볼 도리가 없었는데, 한참을 다니다 보니 울타리도 담장도 없는 집이 하나 보였다.

몰래 들어가서 보니 뒷마루에 무엇인가가 담겨져 있는 자루가 하나 보였고, 손으로 만져보니 나락(벼)이 한 말쯤 들어 있는 것 같았다.

"옳다. 이것이면 됐다."

정원용이 그 나락 자루를 어깨에 메고 황급히 집으로 돌아와서 자루를 막 내려놓으려는데, 한 생각이 뇌리를 치는 것이었다.

'울타리도 담도 없는 그 집도 먹을 것이 없어서 이 나락을 식량으로 구해 놓았을 것인데 내가 훔쳐 왔으니…. 그럼 그 사람들은 무엇을 먹나? 굶어 죽으면 죽었지, 어떻게 이것을 먹겠나? 이런 짓은 절대로 하면 안 된다.'

한 생각을 바꾸어서 본래의 마음을 되찾은 정원용은 나락 자루를 다시 그 집에 갖다 놓고 집으로 돌아왔다.

'도둑질을 하려고 해도 생각이 용납을 하지 않는구나. 이제 정말 어떻게 해야 하나? 나도 나지만, 저 불쌍한 아내는 어떻게 하나?'

잠을 이루지 못한 채 깊이 근심을 하고 있는데, 홀연히 허공에서 소리가 들려왔다.

"정원용아, 이제 복 받아라!"

꿈도 아닌데, 그 소리는 너무나 또렷하게 들렸다. 그러나 복이 되는 어떤 좋은 일이 생겨날 건지는 도무지 떠오르지 않았다. 그런데 이튿날이 되자 동네 사람들이 모여서 의논을 시작한 것이다.

"정원용 내외를 저대로 놔두면 틀림없이 굶어 죽을 것이다. 우리들이 힘을 모아서 도와주자."

그리고는 양식도 갖다주고 옷도 갖다주어서 굶는 것을 면하게 되었다. 덕분에 정원용은 열심히 공부하여 그해에 과거에 합격하였다. 약관 20세의 나이로 벼슬길에 오른 것이다.

정원용은 늘 바른 생각으로 검소하게 살았고 청렴결백하게 관직 생활을 하였는데, 차츰 벼슬이 높아져서 나이 56세에 영의정이 되었다.

그 뒤 20여 년 동안 최고의 관직에 있다가 91세의 나이로 죽었는데, 아들과 손자들도 정승과 판사를 지내는 등 집안의 경사가 그칠 날이 없었다고 한다.

⚜

우리 또한 살아가면서 얼마든지 배휴나 정원용과 같은 경우에 부딪힐 수가 있다. 그리고 이러한 경우를 만나게 되면, '나의 이익과 행복을 앞에 둘 것이냐, 상대의 이익과 행복을 앞에 둘 것이냐'를 생각하면서 갈등을 많이 하게 된다.

그때가 중요하다. 바로 그때 나의 이익을 버리고 바른 마음으로 살면 인생이 바뀐다. 바른 한 생각이 인생을 바뀌게 하는 것이다.

그러므로 늘 한 생각을 바르게 하면서 살아야 한다. 바르지 않으면 복이 깃들지도 않고 복을 누릴 수도 없다.

아무리 힘이 들고 어려운 처지에 빠져 있다고 할지라도, 이기심을 따라 그릇된 길로 빠져들거나 나쁜 짓을 하여서는 아니 된다.

한 생각을 잘 다스리고, 한 생각을 바르게 가져야 복이 찾아든다. 매우 견디기 힘든 역경 속에 있을지라도 바르게 생각하고 바르게 살고자 노력할 때, 불행이 물러나고 그 자리에 복이 깃들게 된다는 것을 꼭 명심하기 바란다.

글 쓴 종이를 중시하여 복을 받다

❀

글이 쓰여져 있는 종이를 함부로 하지 않아서 복을 받은 두 가지 이야기를 하겠다.

중국 화엄종의 제4조인 징관澄觀(738~839) 스님은 80권 화엄경에 소疎를 단 대문장가이다. 그러나 전생에는 무식하였다. 그래서 글을 잘해보려고, 어디서든지 먹 묻은 종이나 글씨를 쓴 종이가 흩어져 있으면 그것을 깨끗한 곳에 가서 불에 태우면서, '문장이 되겠다'는 원을 세웠다.

몸을 바꾸어서 태어난 그는 11세에 출가하여 여러 종파의 가르침을 통달하였고, 화엄경소華嚴經疏 60권을 저술하였으며, 여섯 나라 최고의 '육국문장六國文章'으로 이름을 떨쳤다.

당나라 헌종은 그에게 화엄법계의 뜻을 물어서 깨달음을 얻고, 청량국사淸凉國師라는 호를 내렸다.

이 모두가 글을 중시한 인연과 원력에서 비롯된 것이다.

변소의 글 쓰인 휴지를 건진 김성근 대감

✿

조선 말의 대신인 김성근金聲根(1835~1919) 대감은 늘 글씨가 쓰인 종이로 변소의 휴지로 사용하였다. 그런데『석자우惜字友』라는 책을 보았다. 이 책은 글자를 아끼는 내용들로 채워져 있는데, 휴지에는 성인의 이름도 있고 자기의 조부모 이름도 있다는 내용이 있었다.

이 책을 본 김성근 대감은 그동안 휴지로 변을 닦은 것을 크게 뉘우쳤다. 그리고 대신의 지위에 있었지마는, 변소의 휴지를 모두 건져다가 씻고 말려서 불살랐다고 한다.

김보광 처사 법화경 법보시

❀

극락암으로 내 법문을 들으려고 부산 서울 등지에서 많은 신도들이 찾아오는데, 그중에는 부산에 사는 김보광金普光이라는 처사가 있다. 그는 세속에 살지마는 불교를 아주 독실하게 믿었다.

어느 날 보광처사는 도원道源이라는 스님이 법화경法華經을 사경寫經하는 것을 보았다. 그 법화경은 중국 석문달釋聞達 스님이 경의 구절마다 주해註解를 달아 놓은 것이었다.

도원스님은 이십 년 동안 법화경을 독송하다가 중국에서 온 그 책을 얻었는데, 법화경 주해서가 많이 있지만 우리나라에는 아직 소개되지 않은 책이었다.

보광처사는 그 법화경을 얻기 위해 도원스님께 온갖 뒷바라지를 해 드리면서 사경을 하도록 하였고, 마침내 그 경전을 가지게 되었다. 그 신심이 얼마나 좋은가!

나는 보광처사에게 권하였다.

"우리나라에 없는 책이니 출판해서 법보시해라."

그래서 범어사 강백講伯인 관조觀照스님이 토를 달고 교정校

正을 보는 등 출판에 많은 힘을 써서, 그 책을 만들었다. 김보광처사가 자기의 환갑 기념으로 출판을 한 것이다.

§

사업을 하면서 자식 열하나를 키우기도 바쁜데, 내가 권하는 말을 듣고 보광처사는 책을 내고자 결심하였다. 그러나 형편이 어려워서 한목에 큰돈을 낼 수가 없었다. 처음에는 5십만 원이면 된다고 해서 5년 동안 한 푼 두 푼을 모았으나, 모두 칠십만 원이 들어 빚도 좀 내고 해서 이 어려운 일을 해냈으니 정말 잘한 일이다(이 법화경을 낸 70년대 중반에는 70만 원이 적지 않은 돈이었음).

여러분들도 환갑이 되고 고희가 되면, 술과 밥을 차리고 돼지 잡고 떡 해서 잔치를 벌일 생각을 말고, 지금부터 돈을 모아서 경전이나 불교 서적을 법보시하도록 해라. 그것이 훨씬 기념이 되고 큰 공덕이 되는 것이다.

2. 불자의 네 가지 복 짓기

그럼 불자인 우리는 어떠한 행을 하여 복을 짓고 복을 쌓아 가야 하는가? 불교에 팔복전八福田이라는 것이 있는데, 나는 그 가운데 개인적으로 할 수 있는 네 가지 복 짓는 법을 늘 일러주고 있다.

그 네 가지는 공경삼보恭敬三寶, 효양부모孝養父母, 급사병인 給事病人, 구제빈궁救濟貧窮이다.

삼보공경하면 복의 문이 열린다

✿

부산 동래 온천장 근처에는 내가 있는 극락암 신도가 여럿 있다. 그중에서 나이가 제일 어리다고 하여 '막내 보살'로 불리는 이에게 있었던 일이다.

막내 보살은 오래전부터 진로 소주 도매업을 하고 있었는데, 보살계菩薩戒를 받고부터 자꾸만 자신의 직업이 마음에 걸린다고 하였다. 보살계에 '술장사를 하지 말라'는 계율 때문이었다. 그래서 가끔씩 절에 갈 때마다 부처님 전에 엎드려서 기도를 드렸다.

"부처님! 술 도매업 대신 다른 직업을 갖게 해주십시오."

이렇게 절을 찾을 때마다 빌기를 3년, 하루는 아는 사람이 찾아와서 자꾸 땅을 사라고 권하였다. 처음에는 별생각 없이 '한번 구경이나 해볼까?' 하였는데, 거듭거듭 재촉하는 바람에 갖고 있던 여윳돈으로 땅을 사게 되었다.

그녀는 빈 땅을 그냥 놀리기가 아깝다는 생각이 들어, 그 땅에 울타리를 치고 조그마한 움막 한 채를 마련하고 땅을 돌볼 사람을 고용했다. 그렇게 사람이 살게 되다 보니 자연

식수가 필요해져서 우물을 파게 되었다.

인부를 사서 땅을 꽤 깊이까지 파 들어갔을 즈음, 아주 큼 지막한 바위 하나가 걸려서 좀처럼 진척을 보지 못했다. 그렇 다고 다른 곳을 새로 뚫자니 그동안의 공이 아까웠다.

"어렵더라도 바위를 부숩시다."

그렇게 해서 바위를 쪼개었더니, 놀랍게도 그 사이로 뜨거 운 온천수가 솟아 나오는 것이었다.

그 바람에 땅값이 수십 배나 뛰어올라 막내 보살은 큰 부자 가 되었고, 그 땅에다 몇 채의 호텔을 지어 경영하게 되었으 며, 그동안 마음에 걸렸던 술 도매업은 자연스럽게 그만둘 수 있게 되었다.

♣

이 이야기는 네 가지 복 짓는 법 중에서 삼보공경에 대한 것 이다. 무량한 복이 간직되어 있는 불법승 삼보를 공경하게 되 면 저절로 복이 깃든다는 것이다.

이 삼보공경의 방법은 간단하다. 사찰을 찾을 때나 집에서 도 매일 삼보에 대해 예경을 하는 것이다. 사찰에서 아침저녁 으로 올리는 예불은 바로 삼보에 대한 공경의식이다.

모름지기 불자라면 매일 예불을 올리면서 삼보에 대해 '지 심귀명례至心歸命禮'를 하여야 한다. 나아가 '부처님 잘 모시고 삼보를 잘 받들며 살겠다'는 다짐을 하면서 살면, 마음에 늘 지혜의 광명이 깃들어서 복을 받게 된다.

이 불·법·승 삼보를 선종에서는, '마음 청정한 것이 부처요, 밝은 마음이 법이요, 어디에도 걸림이 없는 마음이 승'이라고 한다. 이렇게 청정하고 밝고 걸림 없는 마음으로 살아가는 것이 진정한 삼보공경이다.

부디 맑고 밝고 걸림 없는 마음으로, 부처님의 가르침을 잘 새기고, 늘 부처님처럼 깨어나고자 열심히 수행하고, 불법을 널리 전파하며 살아가는 것이, 복 중에서 가장 큰 복을 짓는 삶이라는 것을 꼭 기억해 주기 바란다.

손순의 효도로 얻은 돌종

✿

네 가지 복 짓기 중에 둘째인 효양부모孝養父母. 이에 대해서
는 『삼국유사』 속에 있는 이야기를 하나 하겠다.

신라 42대 흥덕왕 때의 일이다. 경주 모량리(현재의 현곡리)에
는 손순孫順이라는 이가 홀어머니와 아내, 외아들과 함께 살
고 있었다.

비록 가난에 찌드는 생활이었지마는, 그들 내외는 지극한
정성으로 어머니를 봉양하였다. 나무를 해다가 장에 가서 팔
고 나면 반드시 생선이나 고기를 사다가 어머니의 상에만 올
려 드렸다.

그런데 철모르는 어린 아들은 끼니때만 되면 할머니 밥상으
로 달려가서 맛있는 반찬들을 집어 먹었다. 그리고 손자에게
맛난 반찬을 열심히 먹이다 보니 할머니의 배는 부를 날이 없
게 될 수밖에….

어느 날 손순은 아내를 불러서 의논했다.

"아이는 낳으면 또 얻을 수 있지만, 어머니를 다시 얻을 수
없는 일이 아니겠소. 어머니가 굶주림 속에 계시니, 저 아이를

땅에 묻고 어머니라도 잘 모시도록 합시다."

아내는 묵묵히 찬동을 하였고, 손순 부부는 외아들을 업고 취산醉山의 북쪽으로 가서 피눈물을 흘리며 땅을 파기 시작했다. 그런데 괭이 끝에서 '쿠왕—'하는 아름다운 소리가 들려오는 것이 아닌가.

이상하게 생각하며 땅을 더 파자 돌종[石鐘] 하나가 모습을 나타내었다. 신기하게 여기면서 그 종을 두드려 보았더니 묘한 소리가 울려 퍼졌다. 아내가 말하였다.

"이렇게 이상한 물건을 얻은 것은 필경 이 아이의 복이요, 아이를 묻지 말라는 계시인가 봅니다."

아이와 돌종을 각기 업고 집으로 돌아온 손순 부부는 돌종을 처마에 달아 놓고 아침저녁으로 두드렸다.

어느 날 흥덕왕이 반월성 누각에 올라 서라벌 장안을 살펴보는데, 서쪽 교외로부터 맑은 종소리가 은은히 들려왔다. 그 종소리를 들으니 마음이 고요해지고 쾌락해졌으므로 종소리의 행방을 알아보게 하였다.

조사 후에 신하는 돌종의 내력을 아뢰었고, 손순 내외의 효성에 크게 감복한 흥덕왕은 그들에게 새로운 집과 함께 해마다 벼 50섬씩을 주도록 하였다.

어머니를 모시고 걱정 없이 살게 된 손순은 그 은혜에 보답하기 위해 먼저 살던 오막살이집을 고쳐서 절을 만들고, 이름을 홍효사弘孝寺라 하였다.

이 묘한 돌종은 진성여왕 때 후백제의 도적들에 의해 분실되기 전까지 60여 년 동안 홍효사에 있었다고 한다.

⚭

'부모에게 효도하면 복을 받는다'는 것은, 어느 시대 할 것 없이 다 통하는 너무나 당연한 진리이다.

부모는 자식이 병들게 되면 신약·한약 가리지 않고 온갖 약을 구해다가 병을 낫게 하려고 하는데, 부모가 감기 때문에 콜록콜록하면서 아파 누워 있어도, '나이 많은 사람에게 으레 있는 천식이나 노병老病'이라 하면서 약 한 첩 지어주려 하지 않는 자식들이 많아졌다.

이래 가지고서야 어떻게 복을 받을 수 있겠느냐?

복은 먼 데 있는 것이 아니다. '내 부모가 곧 부처님'이라 생각하고, 부모에 대해 깊은 효성을 가져야 한다. 효도를 하면 반드시 복이 온다. 그것도 크게 다가오는 법이다.

산사태 때 은공을 갚은 개

❀

1979년 여름에 비가 많이 와서 사람이 백여 명이나 죽고 집이 수도 없이 무너졌다. 결딴이 난 동네가 많았다.

그런데 어떤 집에서 개 한 마리를 5년 동안 키웠는데, 폭우가 내릴 때 이 개가 밖에서 방으로 쫓아 들어왔다가 다시 바깥으로 뛰어나가기를 수십 차례나 하였다. 이상하게 생각하여 온 집안 식구가 개를 쫓아서 밖으로 나가자 집이 무너졌다.

그렇게 사람은 살았으나 개는 죽고 말았다.

❀

주인이 5년 동안 키운 은공을 알아서, 개는 사람을 불러내기 위해 방에 들어왔다가 나가기를 수십 차례나 하였다. 개는 자기가 죽을 줄 알았지마는, 키운 은공을 생각해서 주인을 살리고 자기는 죽은 것이다.

이 이야기를 하는 까닭을 모르는 이는 없으리라.

병든 비구를 돌본 부처님

✿

네 가지 복 짓기의 세 번째는 급사병인給事病人이다.

어떠한 사람이든지 병든 이를 내 힘닿는 데까지 구완을 해 주면 큰 복을 받게 된다.

어느 날 죽림정사의 여러 승방을 살피던 부처님께서는 한 명의 병비구病比丘가 자신이 배설한 똥오줌 위에 누운 채로 신음을 하고 있는 것을 보게 되었다.

"어찌하여 배설물 위에서 고통스럽게 누워 있는 것이냐? 돌보아주는 사람이 없느냐?"

"없습니다."

"왜 돌보아주는 이가 없게 되었다고 생각하느냐?"

"제 몸이 성하였을 때, 저는 병든 동료들을 돌보아주지 않았습니다. 그래서 지금, 저를 돌보아주는 사람이 없는 듯합니다."

부처님은 비구의 몸을 일으켜서 옷을 벗기고 더러운 온몸을 깨끗이 닦아 주었다. 그리고 똥오줌이 묻은 옷을 빨아서 말렸으며, 자리에 깔려 있던 낡은 풀들을 버리고 방을 깨끗이 청소한 다음, 새 풀을 뜯어다가 깔고 병비구를 그 위에 편안하게 눕혀 주었다.

부처님의 간병에 병비구는 너무나 황송해하면서 감격의 눈물을 흘렸고, 부처님께서는 다른 비구들에게 설하셨다.

"병든 비구를 보거든 나를 돌보듯이 하여라. 병든 자를 보살핌은 곧 나를 보살피는 것이다. 이 세상의 모든 보시 가운데 이보다 더 나은 보시는 없다. 병든 이에 대한 간병은 큰 복덕을 이루고 큰 과보를 얻어, 영광과 감로의 법미法味를 이룩하게 되느니라."

§

"병든 자를 나를 돌보듯이 하여라. 병든 자를 보살핌은 곧 나를 보살핌이다."

이것이 부처님의 마음이요, 부처님의 자비심이다. 병자를 대하는 것이 역겹고 힘들지라도, 인연 따라 자비심을 표출하여 자비행을 실천하면 무한한 복덕이 생겨나고, 그 복덕이 감로의 법미, 곧 불멸의 진리를 체득하는 밑거름이 된다는 것을 잊지 말기 바란다.

류성룡 7대 조부의 선행

❦

네 가지 복 짓기의 넷째는 구제빈궁救濟貧窮이다.

안동의 하회마을에서는 선조 때 영의정을 지낸 류성룡柳成
龍(1542~1607)을 비롯한 훌륭한 분들이 많이 배출되었고, 오늘
날까지 류정승의 후예들이 곳곳에서 빛을 발하고 있다. 그런
데 그 음덕은 류성룡의 7대 조부에게서 비롯되었다고 한다.

7대 조부 되는 분은 고개마루턱 갈림길에 집을 지어놓고,
고개를 넘나드는 이들 중 배고픈 이에게는 밥을 주고, 옷이
낡은 이에게는 옷을 주고, 짚신이 떨어진 이에게는 짚신을 주
고, 노자가 없는 이에게는 노자를 주기를 30여 년 동안이나
하였다.

그런데 그에게는 한 가지 소원이 있었다. 그가 사는 마을에
넓은 벌판이 있는데, 그 벌판이 꽉 차도록 자손들이 번성해졌
으면 하는 것이었다.

7대 조부는 이러한 원을 품고 30여 년 동안 많은 덕을 베풀
었고, 마침내 복이 가득 쌓여 그 복력福力으로 원을 성취하였
을 뿐 아니라, 류성룡과 같은 훌륭한 백의정승白衣政丞까지

배출하게 된 것이다.

§

가난하고 궁한 사람을 힘이 닿는 데까지 도와주고 구제해 주는데 어찌 복을 받지 않을 것이냐? 그래서 예로부터 국가와 덕 있는 이들은 빈궁한 사람을 돕는 선행을 널리 행하여 왔던 것이다.

모름지기 복을 잘 지으면 나만 행복해지는 것이 아니다. 후손들까지 모두 복을 받을 뿐 아니라, 두고두고 영광된 일이 찾아들기 마련이다. 그러므로 힘닿는 데까지 남을 구제하는 좋은 일을 하면서 복을 쌓아야 한다.

복을 아껴라

❀

약 3백 년 전의 일이다. 일본 임제종의 관산關山선사는 국사로 추대되었다. 그러나 높은 신분임에도 늘 스스로의 복을 아껴서 공부하는 이들을 대접하였고, 매일 밭에서 김을 매고 도량의 풀을 뽑는 등의 생활을 기꺼이 하였다.

또, 그와 동시대의 몽창夢窓선사도 국사로 추대되었는데, 그는 매일 가마를 타고 다니면서 호사스러운 생활을 하였다.

어느 날 몽창선사가 김을 매고 있는 관산선사를 찾아가자, 관산선사는 절 아랫마을에 있는 떡집에서 찹쌀떡 일곱 개를 사다가 몽창선사를 대접하였다. 몽창선사는 시장하던 터라 '맛이 좋다'고 하면서 순식간에 모두 먹어버렸다. 그때 관산선사가 말하였다.

"후대後代 아손兒孫(자손)은 무엇을 먹으란 말이오?"

이 한마디에 몽창은 스스로가 행한 모든 처신을 돌아보게 되었고, 그 자리에서 예언을 했다.

"나의 후대 아손들은 관산의 아손들에게 모두 정복될 것이다."

과연 그의 예언대로 몽창의 제자들이 있던 사찰들은 뒷날 관산의 제자들이 모두 차지하게 되었다.

❧

복을 짓고 복을 쌓는 것도 중요하지만 내 복을 아낄 줄도 알아야 한다. 지금 복이 있거나 여유가 있다고 하여 복을 까먹으면서 남을 멸시하고 방탕하게 살면, 내생이 아니라 바로 이 금생에 그 과보를 받게 된다.

아무쪼록 지금 힘이 있거든 힘껏 남을 위할 줄 알고 복을 아끼면서 음덕을 쌓아가라. 복을 짓고 복을 쌓아서 세세생생 복된 삶을 누리고, 복을 아끼고 가꾸면서 평화롭고 행복하게 살기 바란다.

음식 찌꺼기를 먹은 도원의 제자

❀

도원선사道元禪師는 일본 조동종曹洞宗의 시조이다. 그가 선원을 열어 후학들을 지도하고 있을 때, 수제자首弟子 한 사람이 선원의 식사를 담당하는 전좌典座라는 소임을 보고 있었다.

그런데 한 수행자가 보니, 매일 밤 자정쯤 되면 전좌가 무엇을 끓여서 혼자서 먹는 것이었다. 그래서 수행자는 조실祖室인 도원스님께 이 일을 말하였고, 스님이 자정 때쯤 가서 살펴보니 전좌가 무엇인가를 먹고 있었다.

"무엇을 만들어서 너 혼자만 먹느냐? 나도 좀 주려무나."

"안 됩니다."

한사코 안 된다고 하여 물러났는데, 세 번째 날 밤에야 조금 얻을 수가 있었다. 도원스님이 먹어보니 고약한 냄새가 나고 도저히 먹지 못할 음식이었다.

"도대체 이것이 무엇이냐?"

"이것은 수챗구멍(하수구)에 있던 음식물입니다. 음식물 찌꺼기와 밥 남은 것을 공양주들이 마구 버리기에, 버리는 것이

옳지 않다고 여겼습니다. 그래서 그것들을 먹기 위하여, 다른 스님네들이 다 잠든 자정에 몰래 끓여 먹은 것입니다."

도원스님은 감격을 하여 작정하였다.

'흘러가는 물이라도 쓸데없이 함부로 쓰지 않고, 어떤 물질이든 함부로 쓰지 않도록 해야겠다.'

그리고는 선방에서 이를 철저하게 지키도록 하였다.

⚜

바로 이 속에 모든 복이 깃들어 있음이니, 우리의 일상생활에서도 매우 경계해야 할 일이다.

天開地闢日輪紅   천개지벽일륜홍
警世鐘聲萬法通   경세종성만법통
하늘 열리고 땅 열리고 태양 빛나니
세상 경책하는 종소리 만법에 통하네

VII

지혜롭게 살아가라

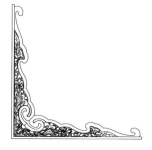

영축산과 통도사와 극락암을 함께 담은 사진

1. 지혜로운 사람들

살다가 아무리 다급한 일을 당할지라도, 지혜를 발휘하면 사중갱생死中更生이라, 죽을 경우에 이르렀어도 다시 사는 수가 있다.

그러니까 평소에 정신을 통일하여서, 어려울 때 지혜가 저절로 발현될 수 있도록 해야 한다.

지혜는 능히 위기를 벗어나게 할 뿐 아니라, 맺힌 업장을 녹이고 큰 깨달음까지 얻게 할 수가 있다.

뒤에 웬 사람을 데리고 왔느냐

❀

예전에 한 형사가 범인을 잡기 위해 권총을 지니고 사건이 일어난 곳으로 가서 여관에 들어 잠이 들었다. 그런데 칼을 든 범인이 형사를 죽이려고 여관방 안으로 들어왔다.

형사에게 권총이 있기는 하였지만, 권총을 쥐려고 하면 범인이 먼저 칼로 찌를 것이기 때문에 권총을 사용할 수가 없었다. 그래서 방편을 썼다.

"너 혼자서도 얼마든지 그 칼로 나를 죽일 수 있을 것인데, 뒤에 웬 사람을 또 데리고 왔느냐?"

그 말에 의아해진 범인이 뒤를 돌아보는 순간, 형사는 권총으로 그를 쏘아 쓰러뜨렸고, 자기는 무사히 살아났다.

⚲

지혜가 있으면 적절한 방편을 자유자재로 구사할 수가 있다. 순간적으로 상황을 판단하여 어떻게 할 것인지를 결정하고 실천할 수 있는 것이다.

선방 구경 왔소

❀

서울 사는 어느 처사가 일본을 간 김에 일본 선방禪房을 구경하려고 유명한 선종 사찰을 찾아갔다. 그런데 선방 안으로 불쑥 들어서자 누가 못 들어가게 막으면서 밀어내는 것이었다.

처사가 소리쳤다.

"내 집에 내가 들어가는데 누가 못 들어가게 하느냐? 낯선 사람이 있거든 나오라고 해라."

생전에 들어 보지도 못한 소리에 그 일본 사람은 입승立繩(선을 지도하는 고참 승려) 스님을 부르자, 입승 스님이 물었다.

"왜 그러십니까? 그게 무슨 말씀이오?"

처사가 답을 하였다.

"선방 구경을 하기 위해서 '내 집'이라 말하였고, 내 집이니까 '낯선 사람 있으면 나오라'고 한 것이오."

그러자 입승 스님이 씩 웃으면서 선방 구경을 허락하더란다.

⚮

지혜가 없으면 이렇게 용기 있고 배짱 있게 말을 할 수가 없다. 그 처사의 말이 걸작이 아닌가!

　사람은 지식보다 지혜가 있어야 한다. 지식이 아무리 많아도 잘 활용할 수 있는 지혜가 없으면 소용이 없다. 세상 사람들 중에는 이러한 활용의 지혜를 타고난 이들이 있다. 이러한 이야기를 하나 하겠다.

먀 정승의 지혜

❀

조선 시대 후기에 한양에 살던 먀ㄴ 정승이 시골의 친척 집을 찾았을 때, 안채에 있던 주인이 마당 건너에 있는 여섯 살된 아들에게 분부를 했다.

"빗자루를 가져오너라."

마침 소낙비가 퍼붓고 있었는데, 비를 맞기 싫었던 꼬마는 강아지를 부르더니, 강아지 몸에 빗자루를 묶어서 궁둥이를 탁 쳤다. 그러자 강아지가 빗자루를 안채로 가져다주는 것이 아닌가.

먀 정승은 꼬마의 소행이 하도 신기해서 '데려다가 공부를 시키면 큰 그릇이 되겠다' 싶었다. 그래서 양자로 삼아서 서울로 데려왔다.

그런데 이 양자는 글을 읽지 않고 매일 노는 데만 열중하였다. 타이르고 꾸짖어도 그때뿐이지 도무지 글을 읽으려고 하지 않았다. 글을 잘해야 과거를 볼 수 있을 텐데, 놀기만 하니 늘 걱정이 태산이다.

하루는 먀 정승이 양자에게 수수 한 말을 내밀었다.

"내가 어디 다녀올 터인데, 그동안에 이 수수쌀의 개수를 전부 셀 수 있겠느냐?"

"셀 수 있습니다."

정승이 해 질 녘에 돌아와서 양자를 불러 '수수쌀이 몇 낱이더냐'고 물으니 얼마라고 척 대답을 하는 것이었다. 정승은 '아들의 행동을 지켜보라'고 분부하였던 몸종을 불러서 어떻게 했는지를 물었다.

"예, 한나절이 지나도록 동네 아이들과 장난을 치면서 놀다가 점심 먹을 때쯤 들어오더니, 수수쌀을 한 그릇 가득히 담아 저울에 달고서는, 하인 수십 명을 불러 몇 알이 되는지를 세라고 하였습니다. 그렇게 한 그릇의 수수쌀 수효를 안 뒤에는, 한 말이 몇 그릇이 되는지를 계산하여 수수쌀의 수효를 맞추어 놓았습니다."

먀 정승은 양자가 '굳이 공부를 하라고 재촉하지 않아도 사람 구실을 할 놈'이라 파악하고, 그날부터는 마음대로 놀도록 내버려두었다.

양자는 나이 스물에 과거를 보러 갔다. 다른 선비들은 글을 짓는다고 야단들인데, 그는 옆의 선비에게 흰 비단 위에다 '신

204

이충보국臣以忠報國(신은 충성으로써 나라에 갚겠습니다)'이라 써달라고 했다. 그리고 그 글을 들고 과거장에 온 임금님 앞을 왔다 갔다 하였는데, 임금은 그것을 보고 생각하였다.

'신하 되고 백성 되어 충성으로써 나라에 갚으면 그뿐, 아무리 글을 잘하여도 충성이 없으면 무슨 소용이 있겠는가? 젊은이가 참으로 가상하구나.'

임금은 그를 불러 대화를 나누어 보고 수원의 화성華城을 지키는 유수留守라는 벼슬을 내렸다.

부임한 먀 유수는 먼저 경기감사에게 인사를 하러 갔다. 감사는 새파랗게 젊은 놈이 수원의 화성 유수가 되어 온 것이 너무나 같잖아서, 놀려 먹기로 작정을 하고 기생을 불러 은밀하게 지시를 했다.

"저 화성 유수가 대청으로 인사하러 올라설 때 등을 툭툭치면서, '어떤 사람이 이렇게 잘생긴 자식을 낳았노. 나도 이런 자식을 낳으면 얼마나 좋을까?'라고 해라. 그리고 인사를 마치고 나갈 때 도포 자락이 문에 걸리도록 닫고는 '꼬리가 치였습니다'라고 해라."

"아이고, 쉰네가 그렇게 말하였다가는 죽음을 면치 못할 텐데 어떻게 합니까?"

"안 죽도록 할 터이니 염려 말아라."

하는 수 없이 기생은 유수가 대청에 올라설 때 등을 툭툭 치면서 감사가 시키는 대로 말을 하였다.

"어떤 사람이 이렇게 잘생긴 자식을 낳았노? 나도 이런 자식을 낳으면 얼마나 좋을까?"

"네 이년, 나 같은 자식을 낳아서 무얼 해? 이왕이면 도백 같은 자식을 낳아라."

도백은 경기감사를 이르는 말이다. 그는 기생의 말이 감사가 시켜서 한 것임을 벌써 간파하고, 감사에게 그 욕을 돌려주었던 것이다.

또 인사를 하고 나갈 때 기생은 문을 탁 닫아 도포 자락이 걸리게 하였다.

"꼬리가 치었습니다."

"네 이년, 마구간을 그게 짓지."

마구간은 소나 말을 매어두는 집인데, 감사의 방이 그만 마구간이 되고 말았다.

시험을 하려다가 오히려 욕을 먹게 된 감사는 '나이는 어리지만 여간이 아니어서 치민치정治民治政을 잘할 것'이라는 믿음이 생겼다.

이후 조정에 어려운 일이 있어서 그를 불러 의논하면 어떻게 처리할 것인지를 거침없이 말하였는데, 그대로 하면 아무리 어렵고 복잡한 일도 순조롭게 풀렸다.

왕은 그때마다 크게 기뻐하였고, 그의 벼슬은 자꾸 올라 일인지하一人之下에 만인지상萬人之上인 영의정이 되었으며, 이 지혜로운 먀 정승 덕분에 온 나라는 태평성세太平盛世를 누리게 되었다.

또 꽃이 피고 새잎 돋고 새가 우는 화창한 봄날에, 나라 대신들이 남산에 올라서 화전花煎 놀이도 하고 운韻을 불러 시를 짓는 시회詩會를 열었다. 이 시회에는 운을 돌려가며 시를 짓는 이에게 술잔이 가는 법인데, 무식한 먀 정승에게는 운자도 술잔도 오지가 않았다. 그래서 먀 정승이 말하였다.

"나에게도 술잔을 돌려라. 나도 글 한 바리 짓자."

"우리가 남산에 올라올 때 왈가닥달가닥 올라오지 않았더냐? 그러니 '왈각달각 상남산上南山'이라고 써라. 그리고 올라오다가 보니 이편저편에 복사꽃이 피지 않았더냐? '이편저편 도화발桃花發'이라고 써라. 언문과 진서를 섞어서 지었으니 '언문진서諺文眞書 섞어 작作'이라고 써라. 그리고 끝에는 '시비론자是非論者 황견자黃犬子'라고 써라."

황견자는 '누렁이개의 아들'이라는 뜻이다.

'옳고 그르다 잘 됐니 못 됐니 하는 놈은 모두가 누렁이개의 새끼'라고 하니, 서로를 바라보고 눈만 끔벅끔벅하며 웃기만 하지 아무 말도 못 하였다.

§

사람이 아무리 무식해도 지혜가 빼어나면 격식을 넘어선 대장부가 된다. 무엇이든지 정신을 집중해서 꾸준히 닦아가면 지혜가 샘솟아 훌륭한 인격자가 된다.

또 남의 지도자가 되려면 지혜를 일월과 같이 밝게 하여, 쾌활하고 명랑하고 낙천적인 기분을 가지고 살아야 한다.

항문으로 날아간 파랑새

✿

이제 '복 받아라'(앞의 P171)의 주인공인 정원용鄭元容의 지혜와 관련된 일화 하나를 소개하겠다.

헌종과 철종 때 10년 동안 영의정을 지낸 정원용은 임금이 간혹 사실을 직접 보지도 확인도 하지 않고, 간신들의 아첨하는 말만을 듣고 정사를 그르치는 경우를 종종 보게 되었다. 그렇다고 신하 된 자가 임금에게, '직접 보지 않으신 것은 믿지 마십시오.'라는 말을 할 수도 없는 노릇이었다.

그래서 하루는 한 꾀를 내어 아내에게 말했다.

"내가 대변을 보았는데, 항문에서 파랑새 한 마리가 허공으로 획 날아가더이다. 이것은 임자만 알고 있지, 절대로 다른 사람들에게 말하면 안 되오, 알았지요?"

"여보, 내가 누구한테 그런 말을 하겠어요."

대답은 그렇게 했지만 이상야릇한 말을 들어 놓았으니 참을 수가 있나? 당장 자기 옷을 만드는 침모에게 말하고 다짐을 받았다.

"영감 항문에서 파랑새가 후르르 날아갔다지 뭐냐! 너만 알고 있어라. 누구에게도 절대 말하면 안 된다."

그런데 웬걸. 침모에게는 더 참기 힘든, 정말 신기한 수닷거리여서 얼마 있다가 밥하는 식모에게 이 희한한 이야기를 하였고, 식모는 자기 친한 이들에게 말해서 삽시간에 소문이 장안 전체로 퍼져 나갔다.

"정원용 대감 항문에서 파랑새가 나와 날아갔단다."

여기저기로 퍼져나간 그 소문은 궁녀들의 귀에 들어갔고, 궁녀들은 왕비한테 전하였으며, 왕비는 마침내 임금에게 말하였다.

임금이 듣고 생각하니 참 이상한 일이었다.

'항문에서 파랑새가 날아가다니….'

조회가 끝나자 임금은 다른 신하들은 다 보내고 정원용 대감만 남게 하였다.

"내 듣자 하니 경의 항문에서 파랑새가 날아갔다고 하던데 그게 사실이오?"

"어찌 파랑새가 항문에서 나와 날아갈 수 있겠습니까? 신이 거짓말로 신의 소첩에게, '내 항문에서 파랑새가 허공으로 날아갔는데 꼭 혼자만 알고 있으라.'고 다짐을 받아 두었는데, 참지 못한 아내는 이 말을 침모에게 전하고 침모는 식모에게 전하고 식모는 자기 친한 이들에게 말하고…. 이렇게 자꾸 전하다 보니 장안 전체에 소문이 퍼져서, 황공하게도 전하까지 아시게 되었습니다.

하온즉 전하께서도 직접 눈으로 보시거나 확인하지 않으신 일은 누가 무어라고 하여도 믿지 마옵소서."

깨달은 바가 컸던 임금은 정원용을 더욱 신뢰하였다.

§

신하로서 밑도 끝도 없이 전하께서 직접 보지 않은 일은 믿지 말라고 하기는 어려운 노릇인데, 정원용은 참 지혜 있는 대감이다.

지혜가 있으면 나의 영화는 물론이요 주위의 모든 사람들까지 평화롭고 즐겁게 살 수 있게 한다.

그러므로 나도 잘살고 남을 능히 이롭게 하는 삶을 살려면 지혜를 길러야 한다. 지식 연마에 몰두하기보다는 지혜를 개발하는 것이 참으로 중요하며, 크게 지혜로워져야 모든 장애를 넘어서서 해탈을 할 수 있다는 것을 꼭 기억하기 바란다.

2. 지혜로 업 녹이고 교화한 지혜인

只箇一點無明焰　지개일점무명염
煉出人間大丈夫　연출인간대장부
다만 이 낱 한 점 무명의 불이
인간 대장부를 단련해 낸다네

무명無明의 불은 흉악한 불이다. 그 불은 하찮고 가치가 없지마는, 그 불이 들어서 대장부를 단련해 낸다.

한 가지 일에 몰두하거나 참선·기도 등을 행하다가 보면, 등줄기가 아프고 허리가 아프고 삼백육십 골절이 아플 때가 많다. 그런데 아픈 거기서 지혜가 나오고 출격 대장부가 나온다.

머리 아프고 가슴 답답하여 지금의 자리에서 물러나고 싶고 괴롭기 짝이 없는 바로 그때, 문득 지혜가 샘 솟고 성공의 기틀이 잡히게 된다.

무명의 불은 나쁜 것이지마는 그 불이 지혜의 불로 바뀌면 격을 뛰어넘는 대장부를 만들어 내는 것이다.

자객을 교화한 육조대사

❁

　중국 선종의 육조六祖인 혜능慧能대사는 참으로 큰 성인이다. 대사께서 선법禪法을 널리 펴자, 시기를 한 승려들 쪽에서 장행창張行昌이라는 불한당을 자객으로 고용하여 대사를 죽이려고 하였다.

　지혜의 눈으로 인과를 꿰뚫어 본 혜능대사는 전생에 빌려준 돈을 받지 못한 것을 증오하다가 죽은 이가 자객이 되어서 온다는 것을 알게 되었다.

　혜능대사는 돈 열 냥을 방석 밑에 넣어두고 기다렸다. 과연 한밤중이 되자 장행창이 대사의 방으로 들어와서 칼을 휘둘렀지만, 목숨을 빚진 관계가 아니었기 때문에 조금도 다치지 않았다. 그때 혜능대사가 말하였다.

　"바른 칼은 삿되게 사용되지 않고, 삿된 칼은 바르게 사용되지 않는다〔正劍不邪 邪劍不正〕. 나는 너에게 돈을 빚졌을 뿐, 목숨을 빚지지는 않았다. 이 돈을 가지고 가거라."

　그리고는 돈 열 냥을 주었다. 깜짝 놀란 장행창은 쓰러졌다가 한참 만에 깨어나, 슬피 울면서 잘못을 참회하고 청을 드렸다.

"저를 제자로 거두어 주십시오."

"지금은 가거라. 네가 나를 해치려고 왔는데, 제자로 받아주면 대중들이 너를 그냥 두지 않을 것이다. 오늘은 어서 가고, 뒷날 모양을 바꾸어서 오면 너를 받아들이리라."

장행창은 대사의 뜻을 받들어 달아났다가, 다른 곳에서 출가하여 지철志徹이라는 법명을 받고 승려가 되었다. 그리고 열반경을 열심히 공부한 다음에 혜능대사를 찾아가자 기쁘게 맞아 주셨다.

"내가 너를 기다린 지 오래인데, 어찌하여 이다지도 늦게 왔느냐?"

그리고는 열반경의 상常과 무상無常에 대한 가르침을 명쾌하게 설하여 주셨고, 법문을 들은 행창은 그 자리에서 대오大悟를 했다.

§

큰 지혜를 지닌 혜능대사는 자객을 마음대로 제압하였을 뿐 아니라, 전생에 돈을 빚져서 인연을 맺게 된 그를 대도인으로 바꾸어 놓았다.

이렇게 지혜가 있으면 업을 기꺼이 받으면서 녹일 수가 있고, 대지혜의 빛으로 업의 매듭을 완전히 풀 수가 있다.

실수로 뱀을 죽인 금강산 도인

❁

옛날 스님 한 분이 금강산에 조그마한 암자를 지어 놓고 도를 닦으면서 살았다. 스님은 여름철에 무성하게 자란 암자 주변의 풀을 낫으로 베다가, 풀 속에 도사리고 있던 뱀의 목을 치고 말았다.

'아, 내가 큰 실수를 범하였구나!'

스님은 참회를 하였지만, 이미 뱀의 목에서는 파란 기운이 솟아올라서 어디론가 날아가고 있었다. 스님이 신통력으로 뱀의 영靈을 따라갔더니, 고향의 누이동생 집으로 들어가는 것이었다. 원수인 스님의 조카가 되기 위해, 결혼한 지 오래되었으나 자식이 없는 누이동생의 몸을 의탁하려는 것이었다.

'아, 뱀의 맺힌 원결이 결국 이렇게 움직이는구나. 나의 가까운 일가친척이 되어서 목숨의 빚을 받겠다는 것이로다. 어떻게 이 원결을 풀 것인가?'

스님은 금강산으로 돌아와서 때를 기다리다가, 아이의 나이 일곱 살이 되자 누이를 찾아갔다.

"아들이 매우 총명하게 생겼구나. 내가 데려가서 공부도 시키고 복도 쌓게 한 다음에 집으로 돌려보내면 어떻겠느냐?"

누이의 허락을 얻어 조카를 금강산으로 데려온 스님은 인의예지신仁義禮智信부터 시작하여 자비·보시 등의 불교 이야기를 들려주면서 음으로 양으로 보살폈고, 영리한 아이는 외삼촌인 스님의 가르침을 받들면서 아주 착하게 행동을 했다.

그런데 열여섯 살이 되자 조카의 눈매가 달라지기 시작하더니, 낫으로 뱀의 목을 날린 7월 중순이 가까워지자 밤마다 독기를 품으면서 숫돌에 칼을 가는 것이었다.

'이제 막바지에 이르렀구나. 며칠 후면 저 아이와 내가 부딪히리라.'

스님은 하루하루를 주의 깊게 지내다가, '그날'임을 느낀 날 저녁에 베개 여러 개로 잠자는 사람의 형상을 만들어서 이불로 덮어두고, 벽장 속으로 들어가서 지켜보았다.

밤 10시가 되자 칼을 든 조카가 스님 방으로 들어서더니, 서슴없이 온 힘을 다해서 이불 위로 칼을 내리꽂았다. 그리고는 칼을 내려놓고 중얼거렸다.

"내가 외삼촌을 죽였다. 왜? 도대체 왜? 정성을 다해서 나를 길러주었고 사랑해 주었고 가르침을 준 외삼촌을 죽였다.

왜? 무엇 때문에 외삼촌을 죽였는가? 나는 미친놈이다. 미친 놈이야!"

조카는 대성통곡을 하였다. 숨어서 지켜보던 스님은 조카가 온 힘을 다해서 칼로 찌른 그 순간에 맺힌 원결이 완전히 풀어졌음을 알고, 벽장 속에서 나와 조카를 품에 안았다.

"얘야, 울지 말아라."

스님은 크게 당황해하는 조카를 진정시킨 다음에 실수로 뱀을 죽인 지난날의 이야기를 들려주면서, 그 인과관계로 조카가 오늘과 같은 행동을 하였다는 것도 깨우쳐 주었다.

"이제 너와 나 사이에 맺힌 원결은 모두 풀어졌다. 날이 밝으면 집으로 돌아가서, 세상을 복되게 가꾸면서 살아라."

֍

우리도 혜능대사나 금강산 스님처럼, 지혜의 빛으로 업의 결박을 풀고 자유를 누리는 불자가 되어야 한다. 공부를 잘해서 우리의 인생을 크게 바꾸어 나가야 한다.

하루에 얼마의 시간이라도 꾸준히 불교 공부를 하다가 보면 집중력이 생기고 선정이 깊어져서 마침내 지혜가 열리게 되는 것이니, 인생을 낭비하면서 지내지 말고, 나를 찾고 무명을 밝히는 공부를 꾸준히 하기 바란다. 그리하여 큰 힘이 생기면 그 도력으로 능히 수많은 이들을 제도할 수가 있으니….

좁쌀 세 알의 빚을 소가 되어 갚다

❀

석가모니께서 전생에 바라제波羅提 존자라는 이름으로 불리었던 때의 일이다.

계율을 잘 지켰을 뿐 아니라 언제나 선정을 닦고 지혜의 힘을 길렀던 바라제존자는 오곡이 무르익은 가을 벌판을 거닐다가, 오동통하게 무르익은 조가 너무 보기 좋아서 손으로 살며시 쓰다듬었다. 그러자 좁쌀 세 알이 손바닥에 떨어졌다.

존자는 망설였다. 먹자니 남의 곡식이라 훔치는 것이 되고, 버리자니 아까운 곡식을 함부로 하는 것이 되기 때문이다. 그래도 버리는 것보다는 먹는 것이 옳다 싶어서 입에 넣었다.

'남의 곡식을 그냥 먹었으니 빚을 갚아야지.'

존자는 신통력으로 소로 변해서 그 밭에 서 있었고, 밭 임자는 3일 동안을 지켜보아도 소의 주인이 나타나지 않자 자기의 소로 삼았다.

그날부터 소는 열심히 일을 했다. 부리지 않아도 스스로 해야 할 일을 잘 알아서 하는 소 덕분에 주인집은 매년 풍년이

들었고, 집안은 점점 더 풍요로워졌다.

그렇게 만 3년을 채운 날, 소가 사람의 음성으로 주인을 불렀다.

"내일 저녁이면 이 집에 손님 5백 명이 찾아올 것이오. 음식을 잘 장만해서 대접하시오."

소가 말하는 것이 너무도 신기했던 주인은 소의 말대로 음식을 장만하였고, 과연 이튿날 저녁이 되자 5백 명의 손님이 밀어닥쳤다. 그것도 예사 손님이 아니라, 칼과 창, 활을 메고 찾아온 도둑들이었다.

시장했던 5백 명의 도둑들은 차려놓은 음식을 아주 맛있게 먹었다. 그런데 먹고 나서 생각하니 이상하기 짝이 없었다. 지금껏 도둑질을 하고 다녔어도 먹을 음식을 미리 준비하였다가 대접하는 것은 처음 보았기 때문이다.

도둑의 두목은 주인에게 물었다.

"우리가 올 줄을 어떻게 알았느냐?"

"저는 몰랐는데, 우리 집 소가 손님이 오니 준비를 해놓으라고 했습니다."

"소가 일러주었다고?"

도둑들은 외양간으로 몰려갔고, 때를 맞추어서 바라제존자는 소의 껍질을 벗어버리고 도둑들에게 설법을 했다.

"나는 불도를 닦는 승려이다. 3년 전에 곡식이 누렇게 익은 것을 구경하다가, 이 집 밭의 탐스럽게 익은 조를 손으로 만졌더니 좁쌀 세 알이 손바닥에 떨어졌다. 그것을 버릴 수 없어서 먹고는, 소가 되어 3년 동안 이 집 농사를 지어주었다.

그런데 너희들은 어떠하냐? 창과 칼로 위협하여 남의 재물을 마음대로 강탈하면서 살았으니, 몇백 번 소가 된다 한들 그 빚을 다 갚을 수 없을 것이다."

존자의 신통력과 법문에 감동을 한 도둑들은 창과 칼을 버리고 모두 발심을 해서 존자의 제자가 되었다.

그 뒤 수십 생이 지나서 바라제존자는 석가모니불이 되었고, 5백 도둑은 5백 나한이 되어 부처님을 따르며 받들었던 것이다.

§

지혜로 앞날을 비추어 보고 소가 되어서 5백 도둑을 5백 나한으로 바뀌게 하였다는 이 이야기….

실로 한 생각 바꾸어서 올바로 깨달음의 씨를 심으면 모든 것이 바뀐다. 지극히 악한 사람도 마음 한 번 돌이키면 아주 선량한 사람이 된다.

도심盜心도 마음이요 보리심菩提心도 마음이다. 그럼 도심盜

心과 보리심菩提心의 차이점은 무엇인가? 마음속에 나쁜 생각이 있느냐 없느냐의 차이이다. 마음이 맑으냐, 욕심과 잡념이 많으냐의 차이이다.

그러나 지금 어떠한 마음가짐으로 사느냐에 따라서 앞날은 크게 달라지고 만다.

도둑의 마음은 지옥의 문을 열지마는, 보리심을 일으키면 지혜가 샘솟아서 복덕을 갖춘 사람이 될 뿐 아니라, 나한이 되고 보살이 되고 부처를 이룬다는 것을 잊지 말기 바란다.

靈鷲山深雲影冷　영축산심운영랭
洛東江濶水光靑　낙동강활수광청
哂　　　　　　　신
영축산이 깊으니 구름 그림자가 차고
낙동강이 너르니 물빛이 푸르도다
미소할 뿐

효림에서 발간한 큰스님 일대기

바보가 되거라(경봉큰스님 일대기) / 김현준 220쪽 8,000원
이 책을 펼쳐 들면 예리한 지혜의 눈과 깊은 자비심으로 자유로운 삶을 일깨웠던 이 시대 최고의 진솔한 대도인인 경봉큰스님을 만날 수 있게 됩니다.

아! 일타큰스님 / 김현준 신국판 240쪽 9,000원
선과 교와 율을 두루 통달하셨던 일타스님의 일대기를 읽다 보면 기도·참선·경전공부 방법을 체득하게 되고, 자비보살 일타스님과 함께함을 느낄 수 있습니다.

도심 속의 도인 석주큰스님 / 김현준 엮음
평생을 서울 한복판에 살면서도 조금도 어긋남이 없이 승려의 본분을 보여주셨던 현대 불교의 산증인 석주큰스님. 이 책을 펼쳐 들면 스님의 수행 정진과 자비행, 각종 일화들을 가슴 깊이 느낄 수 있습니다. 4×6판 160쪽 5,500원

● 신행과 포교를 위한 휴대용 불서 (4×6판, 각 100쪽) ●

행복과 성공을 위한 도담 / 경봉스님	4×6판	100쪽	3,500원
불성발현의 길 / 일타스님	4×6판	100쪽	3,500원
불교예절입문 / 일타스님	4×6판	100쪽	3,500원
일상기도와 특별기도 / 일타스님	4×6판	100쪽	3,500원
광명진언 기도법 / 일타스님·김현준	4×6판	100쪽	3,500원
병환과 기도 / 일타스님·김현준	4×6판	100쪽	3,500원
보왕삼매론 풀이 / 김현준	4×6판	100쪽	3,500원
행복을 여는 감로법문 / 우룡스님	4×6판	100쪽	3,500원
불자의 삶과 공부 / 우룡스님	4×6판	100쪽	3,500원
바느질하는 부처님 / 김현준 엮음	4×6판	100쪽	3,500원

법보시를 원하시는 분은 출판사로 연락 주십시오. 할인혜택을 드립니다.
전화 02-587-6612, 582-6612 팩스 02-586-9078